AF317182

LE PRÉSIDENT

DE LAMOIGNON

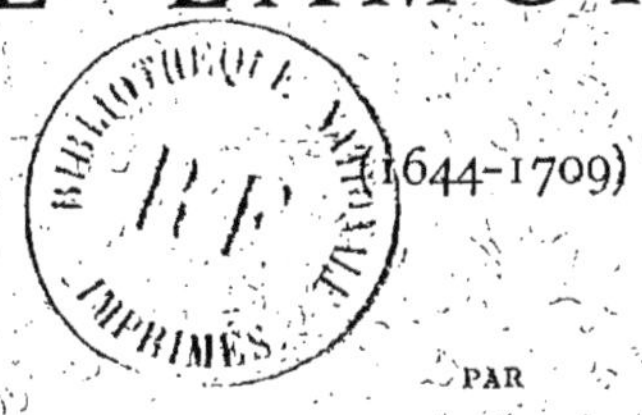

(1644-1709)

PAR

A. DE BOISLISLE

MEMBRE DE L'INSTITUT

PARIS

1904

LE PRÉSIDENT

DE LAMOIGNON

(1644-1709)

LE PRÉSIDENT

DE LAMOIGNON

(1644-1709)

PAR

A. DE BOISLISLE

MEMBRE DE L'INSTITUT

PARIS

1904

LE PRÉSIDENT

DE LAMOIGNON

(1644-1709)

Un écrivain qui connaissait bien l'ancienne magistrature[1] a caractérisé en ces termes les premiers personnages de la dynastie parlementaire des Lamoignon[2] : Charles de Lamoignon en fut le fondateur, le président Chrétien en fut la pensée politique, le premier président Guillaume la pensée législative, le président Chrétien-François la pensée littéraire, l'intendant Bâville la pensée militante.

Celui dont je veux parler ici, le président Chrétien-François, vaut d'être considéré autrement qu'à cet unique point de vue de son goût pour les belles-lettres et de ses relations avec les illustres de son temps. Quoique la célébrité plus grande de son père et de quelques-uns de ses descendants directs l'ait éclipsé à tel point que son nom manque dans bien des biographies et encyclopédies, ou n'y tient qu'une place minime[3], je crois faire acte de jus-

---

1. Francis Monnier, dans l'article LAMOIGNON de la *Biographie Didot.*

2. J'ai eu l'occasion de parler de cette famille dans une étude sur *la Rébellion d'Hesdin, Fargues et le premier président Lamoignon* (1897), p. 105-111; mais les documents généalogiques et historiques abondent au Cabinet des titres, plus particulièrement dans le dossier du fonds Chérin et dans la série des Pièces originales.

3. Les meilleures notices anciennes sont dans le tome I de l'*Histoire de l'Académie des inscriptions,* dans le *Dictionnaire de Moréri* et dans l'Introduction de l'académicien G.-H. Gaillard au recueil des *Arrêtés du premier président Lamoignon.* Parmi les ouvrages modernes, il faut citer le livre de L. Vian : *les Lamoignon, vieille famille de robe* (1896), et les études des PP. Doncieux, Lauras et Chérot sur Bourdaloue et Bouhours.

tice en montrant que cet homme de bien, de devoir, et en même temps de goût et de science, mérita de tous points l'estime que ses contemporains, à commencer par le Grand Roi, lui témoignèrent unanimement; que ce fut un représentant accompli de cette magistrature de haute race où se transmettaient fidèlement les qualités du cœur et de l'esprit : en un mot, que le portrait qu'en a fait Saint-Simon[1], équivoque, malveillant même au fond, doit être amendé et réformé, et que le président Chrétien-François était vraiment un de ces types de l' « honnête homme » qui, en bon nombre, honorèrent le règne de Louis XIV et la robe parisienne.

Il eut pour père le premier président Guillaume, ce grand réformateur de la justice française, devant lequel Mazarin lui-même ne pouvait que s'incliner, et dont le nom est encore respecté au Palais, à côté de celui de son arrière-petit-fils Malesherbes. Je n'oublie pas que Saint-Simon, avec sa passion toute subjective, voyant dans Guillaume de Lamoignon le chef d'une cour qui fut toujours l'adversaire des ducs et pairs, s'est complu à dissimuler ses grandes, fortes et éminentes qualités derrière un spécieux éloge « des grâces de sa personne, de son affabilité, de son hospitalité, de son attention singulière à capter magistrats, avocats et savants, » puis a prétendu nous le montrer, tout aussitôt, « enrichi du sang de l'innocent; » mais j'ose espérer qu'une démonstration rigoureuse a fait justice de cet échafaudage de faussetés et de calomnies[2], et je n'y reviendrai point.

Le Premier Président avait épousé en 1640 sa cousine[3] Madeleine Potier, fille du secrétaire d'État d'Ocquerre, très riche, et

---

1. *Mémoires de Saint-Simon*, édition nouvelle, en cours d'impression, tome XVIII, p. 106-108 : « Lamoignon, président à mortier, après avoir été longtemps avocat général, mourut en ce même temps (7 août 1709). Il étoit fils aîné du premier président Lamoignon et frère du trop fameux Bâville, intendant de Languedoc; mais Bâville étoit à lui, où il avoit tant qu'il pouvoit force seigneurs de la cour quelques jours pendant les vacances, et toujours le célèbre P. Bourdaloue. C'étoit un homme enivré de la cour, de la faveur, du grand et brillant monde, qui se vouloit mêler de tous les mariages et de tous les testaments, et à qui, comme à tout Lamoignon, il ne se falloit fier que de bonne sorte. Il avoit cédé sa charge à son fils, que le fils de celui-là possède encore, qui, en tout, ont bien moins valu même que celui dont il s'agit ici. »

2. Tome XIII des *Mémoires*, éd. nouvelle, p. 132-140 et 603-606; *la Révolte d'Hesdin, Fargues et le premier président Lamoignon*.

3. Par une bisaïeule commune, Marie Potier de Blancménil.

surtout très sainte femme, qui lui survécut plus de trente ans[1].

De cette union sortirent cinq fils et quatre filles. Deux des fils seuls vécurent : Chrétien-François, et Nicolas, celui qui illustra le nom de Bâville, non plus dans la magistrature, mais dans les intendances. Deux filles se marièrent, l'une avec le comte, plus tard maréchal de Broglie, et l'autre avec Achille de Harlay, qui fut procureur général, puis premier président du Parlement.

Chrétien-François vint au monde le 26 juin 1644, dans le logis de la rue Aubry-le-Boucher que son père habita jusqu'à ce qu'il allât occuper au Palais l'hôtel de la Première Présidence, et il fut baptisé le 27 en l'église paroissiale Saint-Leu et Saint-Gilles.

Deux garçons étaient déjà morts en bas âge; comme eux, le nouveau-né reçut ce prénom de Chrétien, qui venait du président leur grand-père, mort depuis huit ans, mais encore représenté par sa veuve, la charitable Marie des Landes, tant aimée des pauvres[2]. On y joignit le nom de François.

A la direction première de ses fils Guillaume de Lamoignon appliqua lui-même les principes qu'on trouve résumés dans son testament de 1676[3] : « J'ai toujours plus souhaité que mes enfants conservassent l'esprit de justice, d'humanité, de charité et de simplicité chrétienne, qui est le véritable caractère que j'ai donné dans ma famille, que de les voir dans la plus haute élévation du monde et remplis de biens et de richesses. »

Aussi voulut-il se charger de leur éducation en même temps que de leur enseignement pédagogique. Cette profonde connaissance des langues anciennes et de la littérature classique que nos voisins anglais et allemands, à l'inverse de ce qui se passe en France, ne cessent pas encore de juger indispensable aux jeunes gens nés pour de hautes destinées, formait alors la première base du savoir des futurs magistrats. Ainsi en fut-il pour Chrétien-François, comme l'atteste cet article de la *Gazette*[4] : « Le 28 avril 1658, la messe en grec des Confrères de Hiérusalem fut célébrée

---

1. *Mémoires de Saint-Simon*, éd. nouvelle, tomes X, p. 284, et XIII, p. 131 et 140.

2. Porté pour la première fois par le président (1567-1636), ce nom assez rare de Chrétien se perpétua dans sa descendance, en devenant, sur la fin, Christian et Christine; mais je n'ai pu retrouver d'où il était venu. Les deux premiers fils avaient été appelés Chrétien-André et Chrétien-Augustin.

3. Publié par Mgr X. Barbier de Montault dans la *Correspondance historique et archéologique*, 25 août 1897, p. 238.

4. *Gazette* de 1658, p. 392.

dans l'église du couvent des Cordeliers de Paris, avec beaucoup de solennité[1], le grand maître de l'artillerie[2] y ayant rendu les pains bénits, et le fils du sieur de Lamoignon, maître des requêtes, prononcé une oraison en la même langue, de sa composition, avec d'autant plus d'étonnement de toute l'assemblée qu'il n'a encore que treize ans. »

De là sans doute ce trait du moraliste[3] : « Les Bignons, les Lamoignons étoient de purs grimauds; qui en peut douter? ils savoient le grec! »

Arrivé à la rhétorique, Chrétien-François fut remis entre les mains des Pères jésuites de ce célèbre collège de Clermont qui n'était pas encore Louis-le-Grand[4], et ce lui fut une heureuse fortune d'y avoir pour professeur d'humanités un commensal de sa famille, le P. Nicolas Rapin, fin et élégant latiniste, pour répétiteur de philosophie le P. Bourdaloue, qui, l'un et l'autre, devaient rester ses meilleurs amis[5]. D'ailleurs, toute la maison était cordialement dévouée au premier président, qui lui avait rendu de grands services.

Les thèses finales de Chrétien-François firent du bruit. La première soutenance eut lieu le 29 juin 1662 : « Le sieur de Lamoignon, fils aîné du Premier Président, défendit avec un applaudissement général des thèses publiques, dans le collège des Jésuites de Clermont, sur toutes les questions les plus difficiles de la logique, morale et métaphysique. L'assemblée étoit nombreuse et composée de personnes de la plus haute qualité, qui furent merveilleusement satisfaites de la netteté et de la facilité de son esprit, jugeant par là qu'il ne seroit pas moins l'héritier des hautes vertus et du rare savoir que du nom et de la réputation de son père[6]. »

L'année suivante, seconde soutenance : « Le 14 juin, le sieur de Lamoignon, fils du Premier Président, soutint au collège des Jésuites des thèses de toute la philosophie dédiées au Roi, en présence d'une assemblée des plus nombreuses et composée de

---

1. Cette messe se disait chaque année le dimanche de Quasimodo.
2. M. de La Meilleraye, plus tard duc Mazarin.
3. La Bruyère, au chapitre DES JUGEMENTS, tome II, p. 84.
4. Voyez ce que le R. P. Chérot en a dit dans ses *Trois éducations princières* (les Condé), p. 239-241.
5. *Bourdaloue*, par le P. Chérot (1899), p. 103-117.
6. *Gazette* de 1662, p. 659.

toutes les personnes de qualité, qui admirèrent la force de son génie, sa belle manière de s'expliquer, et la grâce et la facilité avec lesquelles il développoit les questions les plus épineuses, jugeant par là qu'on en devoit attendre le même succès dans les plus grands emplois, comme les mêmes services pour son prince et pour le public, qui rendent le nom de son illustre père si cher et si vénérable à la France. Le lendemain, il soutint devant une pareille assemblée, et avec un semblable applaudissement, des thèses sur des questions les plus difficiles des mathématiques, et, entre plusieurs, proposa un nouveau système du monde et le secret des longitudes, qui n'avoit point encore été trouvé[1]. »

Par Jean Racine, grand ami des Lamoignon[2], par le maître même de Chrétien-François[3], par une curieuse lettre du P. Bergier[4], nous apprenons, — la *Gazette* n'eût pas même voulu le laisser pressentir, — que cette dernière soutenance fut une occasion de scandale, Chrétien-François ayant contesté que la condamnation de Copernic pût avoir la moindre autorité en pays gallican : *Nullam ego attribuo auctoritatem Inquisitioni in hoc regno, qui sum et ero semper libertatum gallicarum defensor acerrimus.* Développée vivement et fermement, cette partie de l'argumentation aurait valu une censure au soutenant, si son père, avec qui tout avait été concerté, n'eût fait intervenir à point l'autorité du Roi et de ses ministres. L'Inquisition seule pâtit de ce coup[5].

---

1. *Gazette* de 1663, p. 562. Les positions, dont M. Vidier a bien voulu m'indiquer plusieurs exemplaires conservés à la Bibliothèque nationale, furent imprimées chez Antoine Vitré. Titre : *Agones mathematici ad arcem Copernicani systematis expugnatam in collegio Claromontano, Societatis Jesu.* Dédicace : *Regi expugnatori urbium, olim armato, nunc pacifico, expugnatam pacifica victoria Copernicanam arcem consecrat Christianus-Franciscus de Lamoignon.* L'estampe devait être belle.

2. *Abrégé de l'histoire de Port-Royal*, dans le t. IV de ses *Œuvres*, p. 558.

3. *Mémoires de Nicolas Rapin*, tome III, p. 207-209.

4. Le P. Chérot, *Trois éducations princières*, p. 215-218.

5. La Bibliothèque possède, sous la cote Réserve Yc 602, le troisième tome d'une série intitulée : « Mélanges provenant de la bibliothèque de M. de Lamoignon et adressés tant à lui qu'à d'autres personnes, » et cotée primitivement Y 35 *quater*. Les pièces sont imprimées pour la plupart, et quelques-unes manuscrites. Il y a aussi les dédicaces à Chrétien-François, en vers latins, de thèses faites sous ses auspices, en 1675 par Georges Le Roy, en 1680 par René de La Vacquerie. Le n° 38 est une ode latine que Charles du Périer, neveu de l'ami de Malherbe et lettré bien connu comme rival de Santeul, adressa au jeune récipiendaire de 1663 sur les problèmes de la rotation du monde qu'il se proposait de discuter.

Bien que le barreau fût alors en discrédit dans la haute magistrature[1], le Premier Président voulait que ses fils, l'aîné aussi bien que le cadet, débutassent au Palais comme avocats ; mais, auparavant, Chrétien-François voyagea en Angleterre, où le roi Charles II et l'université d'Oxford rendirent honneur au nom de Lamoignon, puis en Hollande, où la science juridique florissait tout autant que le commerce. Au retour, ayant prêté serment le 2 août 1663, il plaida pendant trois ou quatre ans « pour les parties. » En même temps, il bénéficiait des réunions que les principaux magistrats de Paris tenaient deux fois par semaine à l'hôtel de la Première Présidence pour l'élaboration du nouveau Code, et des assemblées littéraires qui s'y réunissaient chaque lundi[2]. Si, d'une part, il put se fortifier ainsi dans la connaissance du droit, d'autre part aussi il prenait goût aux lettres et aux sciences ; dans ces dernières, la numismatique l'attira particulièrement, et son maître dans cette partie, Charles Patin, se plut tout de suite[3] à proclamer en lui un goût et des aptitudes naturelles qui, quarante ans plus tard, furent son principal titre académique.

Nous ne connaissons aucun de ses plaidoyers, car le seul imprimé qui lui ait été parfois attribué, et nous l'enregistrerions bien volontiers à son actif, doit être rendu à son frère cadet, lequel le suivait de très près[4], et l'unique action dont les contemporains

---

1. La Bruyère, De la Ville, tome I, p. 277-278 et 508-509. Les avocats, dit Tallemant, étaient beaucoup plus considérés au xvi⁰ siècle.

2. Voir l'oraison funèbre du Premier Président par Fléchier, les *Lettres de G. Patin*, tome III, p. 670-671, 773 et 775, les *Mémoires de Nicolas Chorier*, p. 140-141, et Sainte-Beuve, *Port-Royal*, tome III, p. 624.

3. En 1665, dans son *Introduction à l'histoire par la connoissance des médailles*. Ce Patin avait commencé par être avocat, et il finit par la médecine.

4. C'est le plaidoyer pour le sculpteur Gérard Van Opstal, contre qui une cliente mal inspirée avait osé invoquer la prescription. L'action du jeune avocat, 15 décembre 1667, en l'honneur des « arts libéraux et non mécaniques, » eut un tel succès, que l'Académie de peinture et sculpture décréta l'impression de sa plaidoirie et, de plus, voulut faire faire son buste par Girardon, son portrait par Champaigne ; l'avocat pria ces messieurs de reporter sur son père ce grand honneur, et c'est ce que Clément consigna dans une devise sur le piédestal du beau buste du Premier Président exécuté par Girardon. Ainsi est racontée l'historiette par certains contemporains ; mais on voit seulement, dans les procès-verbaux de l'Académie publiés par Montaiglon (tome I, p. 324, 326, 328 et 332), que cette compagnie supplia Bâville de donner une copie de son plaidoyer, puis la fit livrer à

nous aient transmis le souvenir est celle où il plaida la cause de marchands arméniens qui avaient avancé des fonds pour le rachat d'un chevalier de Malte captif des Turcs. Mais au moins l'éloge que les rédacteurs des *Mémoires de Trévoux* lui consacrèrent en 1710[1] précise-t-il les principaux mérites du jeune avocat : « Ses plaidoyers changèrent la face du barreau ; les imitateurs du célèbre Le Maître eurent honte de leur enflure et de leur érudition affectée ; ils sentirent qu'un avocat ne doit pas songer à se faire estimer, mais à se faire croire...; qu'on peut être sublime sans hyperboles, et qu'un langage simple, mais noble, est le seul qui convienne aux défenseurs de la justice et de l'innocence... Sur ce même modèle, les imitateurs de Patru se corrigèrent des défauts opposés... En un mot, l'éloquence du barreau doit à M. de Lamoignon la perfection où nous la voyons aujourd'hui. »

Regrettons donc que rien ne soit venu jusqu'à nous des premiers produits de cette bonne et saine éloquence.

C'est en 1665 que Chrétien-François quitta la robe d'avocat pour aller s'asseoir sur les fleurs de lis. Ayant été pourvu d'une charge de conseiller par lettres du 23 mai, la Cour le reçut le 2 avril 1666[2], et, en 1668, elle lui fit le grand honneur de le désigner pour établir un cordon sanitaire autour du Soissonnais envahi par la « peste, » mission délicate, périlleuse même, dont il s'acquitta heureusement, et qui lui valut un renom de vaillance[3].

Au bout de cinq ans, son père voulut le faire passer du Palais au Conseil ; le 10 mai 1670, M. Besnard de Rezay se démit en sa faveur d'une charge de maître des requêtes, et il en fut pourvu le 15 février suivant[4], mais ne l'exerça que pendant deux ans et demi, et tout ce que nous savons de cette période de son existence, c'est que Louis XIV tint à le désigner pour être un de ses assistants lorsque, en 1672, il voulut tenir le sceau lui-même après la mort du chancelier Séguier[5]. Dès 1673,

---

l'impression, et garda la copie dans ses archives avec un portrait du jeune avocat.

1. Tome XXXVIII, p. 686.

2. Reg. du Parlement X¹ᴬ 8394.

3. *Lettres et mémoires de Colbert*, tome II, p. 442-447; Gaillard, *Vie du premier président Lamoignon*, p. xlvi; ms. fr. 15593, fol. 294-400, procès-verbal original du jeune conseiller, que M. Vidier a bien voulu m'indiquer.

4. Reçu le 19 au Parlement : reg. X¹ᴬ 8396.

5. Son éloge dans le *Dictionnaire de Moréri*, tome VI, 2ᵉ partie, p. 118.

à l'époque de la rentrée des cours, il revint au Palais, mais, cette fois, parmi les gens du Roi. C'est de la charge d'avocat général de M. Jérôme Bignon, plus connu comme grand maître de la Bibliothèque, qu'il fut pourvu le 21 octobre[1]. Le 30 novembre, il obtint des lettres d'honorariat de maître des requêtes, quoique ayant exercé cette charge si peu de temps, et, huit jours plus tard, il fut installé au parquet.

De trop nombreuses parentés dans le Parlement constituaient un obstacle légal à ce qu'il y entrât; on raconte que le Roi s'empressa cependant d'accorder des dispenses : « Je connais cette famille, dit-il; je puis m'abandonner à elle[2]. »

Avant qu'un mois se fût écoulé, ses parents le marièrent[3]. Il atteignait déjà sa trentième année, âge avancé pour un héritier, et même son frère cadet lui avait montré l'exemple depuis une vingtaine de mois; mais, sans doute, Chrétien-François n'avait attendu qu'en vue d'une alliance déjà projetée de part et d'autre. La jeune fille, âgée de vingt ans, sa parente assez proche, car toutes ces familles de robe s'entrecroisaient presque à chaque génération, était Marie-Jeanne Voysin, fort riche héritière en perspective[4], point belle, mais lettrée et mieux propre que personne à animer de son esprit les réunions de l'hôtel de la Première Présidence ou du château de Bâville.

Comme Saint-Simon le rappelle[5], Mlle Voysin appartenait à une famille de robe plus récente que les Lamoignon, et moins illustre, mais bien notée auprès du Roi. Le père, Daniel Voysin, seigneur du Plessis-aux-Bois et de la Cerisaye, un « de ces modestes et sages magistrats de l'ancienne roche, » avait passé « avec grande réputation d'intégrité et de capacité » par les intendances d'Auvergne et de Champagne, et s'était acquitté ensuite très dignement, pendant trois périodes de deux ans, des difficiles fonctions de prévôt des marchands de Paris, qui lui avaient valu un siège au conseil d'État; il venait de passer conseiller ordinaire

---

1. M. Bignon s'était démis en sa faveur deux jours auparavant, sur une promesse du Premier Président qu'on le ferait nommer conseiller d'État ; mais cette combinaison ne se réalisa que quatre ans plus tard.

2. Vian, *les Lamoignon*, p. 222.

3. *Ibidem*, p. 229-230.

4. Au contraire, le premier président Lamoignon, selon le dire de G. Patin (tome II des *Lettres*, p. 441), avait une très médiocre fortune.

5. *Mémoires*, éd. nouvelle, tome XVII, p. 451-452.

en 1671, et vécut encore vingt ans. La mère, Marie Talon, était l'aînée des trois filles du grand Omer Talon, cet oracle du barreau dont nous avons de si précieux Mémoires, et elle avait précisément pour frère le premier avocat général de qui Lamoignon devenait collègue. Deux autres filles devaient, à leur tour, entrer dans de grandes maisons du Parlement, Bignon et Joly de Fleury.

Le mariage Lamoignon et Voysin fut célébré à Saint-Séverin le 5 janvier 1674[1]. La dot de l'épousée était de quatre cent mille livres.

Installé au parquet le 7 décembre 1674[2], Chrétien-François devait y siéger plus de vingt ans avec l'applaudissement de tous : « Il avoit l'esprit facile, juste, pénétrant, des expressions vives et heureuses, une mémoire qui tenoit du prodige, et toute l'éloquence du corps que la nature peut donner par la représentation, par le geste et par la voix. On l'écoutoit avec plaisir lors même que, ne parlant que de procédures et de formalités, il développoit à la justice la chicane la plus épineuse ; mais, quand, aux ouvertures du Parlement, il prononçoit ces discours graves destinés à maintenir l'ordre et la discipline du barreau, les magistrats se trouvoient presque déplacés par le concours extraordinaire des auditeurs de tout genre. Dans cette foule, on remarquoit une infinité de copistes ; les harangues de M. de Lamoignon se répandoient ensuite, on les imprimoit, et, quelque différence qu'il y eût entre les copies et les originaux, trois ou quatre traits heureusement conservés suffisoient pour les faire recevoir avidement du public[3]. »

C'est ainsi que se formèrent les recueils dont nous avons quelques copies manuscrites[4]. Harangues, discours de rentrée,

---

1. Non le 7, comme on l'a imprimé partout, mais le 5, si nous nous en rapportons à la copie de l'acte prise par Rochebilière sur les registres de l'église avant l'incendie de mai 1871 (ms. nouv. acq. fr. 3619, n° 4240). Le contrat avait été signé le 4 par Leurs Majestés et toute la cour (Cabinet des titres, fonds Chérin, vol. 115, dossier 2383, fol. 30).

2. Lettres de provisions, reg. X1a 8671, fol. 218. Les registres du conseil secret du Parlement ne mentionnent pas cette installation si longtemps retardée.

3. Son éloge par le secrétaire perpétuel Gros de Boze, dans le tome I de l'*Histoire de l'Académie des inscriptions*, p. 384.

4. Arch. nat., U 427-428 ; Bibl. nat., mss. fr. 14051-14052 (tome I : mercuriales, compliments au Roi et discours de rentrée de 1673 à 1678 ; tome II :

plaidoyers, réquisitoires ou mercuriales, c'étaient de véritables traités sur les matières les plus diverses, et non seulement le jurisconsulte, l'historien, le théologien, le naturaliste même, y trouvaient chacun son fait, mais aussi les gens de goût et d'esprit, les amateurs du bien-parler, puisque Lamoignon, nous le savons déjà, fut un des premiers orateurs de la magistrature à substituer l'élocution la plus naturelle, la plus simple et la plus facile à ce style ampoulé, bourré de réminiscences classiques et d'allusions mythologiques, qui avait été jusque-là obligatoire au Palais. Ajoutons que sa prononciation était exquise, et l'on comprendra que ce fût un régal pour Mme de Sévigné et ses amies de se faire réciter quelqu'un des morceaux que l'avocat général venait de débiter en grand'chambre, fût-ce simplement une mercuriale aux avocats et procureurs [1].

Louis XIV, lui aussi, semble avoir apprécié ce talent oratoire, puisqu'il autorisa Lamoignon et son oncle et collègue Talon, réputé également éloquent, à lui adresser de vraies harangues, au lieu d'un simple compliment prononcé très bas, lorsque les cours et compagnies se présentaient devant lui dans quelque occasion solennelle [2].

Les biographes n'ont pas oublié, à l'honneur de Lamoignon, que ce fut lui qui, de concert avec son père, fit définitivement supprimer une coutume judiciaire des plus répugnantes, tombée d'ailleurs en désuétude depuis quinze ou vingt ans : je veux dire l'épreuve du congrès dans les procès en dissolution de mariage pour cause d'impuissance. C'est sur un réquisitoire de lui que le Parlement la fit disparaître par arrêt du 18 février 1677 [3]. Mathieu

discours aux avocats, suivis de douze feuillets autographes de mercuriales), ms. fr. 21148, fol. 54-65, et mss. nouv. acq. fr. 2429-30, provenant des Verthamon et des Joly de Fleury, et cédés par les Archives en 1862. Le premier de ces exemplaires, venu directement de la famille, est remarquable pour son exécution calligraphique et sa reliure de maroquin rouge. Le tome I, où des discours du Premier Président sont mêlés avec ceux de son fils, contient en tête quelques lettres originales de Louis XIV et de Marie-Thérèse au père (1661-1673).

1. *Lettres de Mme de Sévigné*, tome VIII, p. 278, 294-295, 318; *Mercure* de décembre 1677, p. 161-164, et de décembre 1686, p. 133-135.

2. *Dangeau*, tome VI, p. 233, et *Sourches*, tome V, p. 361.

3. *Journal des audiences du Parlement*, tome III, p. 194-195, et *Journal du Palais*, tome V, p. 1-30; *Dictionnaire de Bayle*, art. QUELLENEC. En mentionnant cette initiative de Lamoignon, le *Moréri* semble approuver les cri-

Marais dit à ce propos[1] : « Despréaux avoit aboli le congrès par un trait de satire[2] avant que le Parlement y eût songé, et M. de Lamoignon, qui étoit de ses amis, lui avoit bien promis de faire enregistrer sa satire à la première occasion[3]. »

Nous avons[4] le texte du réquisitoire par lequel il demanda, à l'occasion du pourvoi du marquis de Langey, que la Cour, comme elle-même le souhaitait depuis longtemps, défendît à tous juges, particulièrement ceux des officialités, d'ordonner à l'avenir l'épreuve du congrès.

En dehors des œuvres oratoires faites pour le Palais, Lamoignon écrivit une Vie du Premier Président son père[5]; mais ce morceau serait passé, dit-on, en Angleterre avec la bibliothèque de famille, qui, dit-on encore, n'aurait pas compris moins de quinze cent cinquante manuscrits et huit cents cartons de papiers.

Le genre narratif convenait particulièrement au style de Lamoignon. Nous en pouvons juger par deux pièces parvenues jusqu'à nous : une lettre sur la mort de son maître et ami le P. Bourdaloue, qui fut imprimée en 1707, à la fin du tome III du *Carême*[6]; un certificat qu'il délivra le 9 janvier 1702 pour servir à la canonisation de M. Vincent de Paul, et que je veux reproduire ici d'après l'original[7]. Cette pièce, très brève, n'a pas une grande portée littéraire; mais elle fait connaître les relations familières de l'apôtre de la charité avec la vénérée grand'mère de Chrétien-François, avec sa tante, non moins pieuse et bienfaisante, et avec le Premier Président.

---

tiques qu'en fit, en 1735, le président Bouhier, dans son *Traité de la dissolution du mariage pour cause d'impuissance*, p. 86 et 126.

1. Dans son *Journal* de 1722, tome I, p. 147.

2. Satire VIII :

> Jamais la biche en rut n'a, pour fait d'impuissance,
> Traîné du fond des bois un cerf à l'audience,
> Et jamais juge, entre eux ordonnant le congrès,
> De ce burlesque mot n'a sali ses arrêts.

3. « Les Lamoignons, a dit Voltaire, nettoyèrent nos lois de la rouille ancienne de la barbarie. »

4. Mss. fr. 14051, fol. 190 v° à 233, et 25010, fol. 316; ms. nouv. acq. fr. 3107, fol. 99. Il y en a un exemplaire imprimé, de 1680, dans le recueil Fontanieu, tome 150, p. 361-478.

5. Elle est citée par Gaillard.

6. Reproduite en dernier lieu dans le tome II du *Bourdaloue* du P. Lauras.

7. Cette pièce a passé plusieurs fois dans des ventes d'autographes faites par feu Étienne Charavay, notamment dans celle du 17 mai 1889, n° 74.

« Chrétien-François de Lamoignon, conseiller du Roi en son conseil d'État et grand président du Parlement, je certifie à qui il appartiendra ce qui suit :

« J'ai eu le bonheur de voir familièrement pendant plusieurs années M. Vincent de Paul, fondateur et premier général de la congrégation de la Mission [1]. Sa présence seule inspiroit la piété; son air modeste, doux et engageant, sans aucune affectation, attiroit ceux qui avoient l'avantage de converser avec lui; sa bonté et son humilité le rendoient égal à tous ceux avec qui il traitoit, et les plus grands génies ne le trouvoient pas inférieur à eux quand ils agitoient avec lui les plus importantes affaires.

« Nous devons à M. Vincent l'établissement des hôpitaux pour les galériens à Marseille, la fondation de la congrégation de la Mission et de celle des Sœurs, qui n'ont d'autre occupation que d'instruire les pauvres et de servir les malades.

« Dieu a répandu de si grandes bénédictions sur l'une et sur l'autre de ces congrégations, qu'on peut dire que nous leur devons, et par conséquent à M. Vincent, la plus grande partie de tout le bien qui se fait dans ce grand royaume.

« Ceux qui liront avec attention les règles que M. Vincent a données à ces deux congrégations, qui sont unies d'un même esprit et sous un même gouvernement, connoîtront la grandeur du génie de l'auteur, et comme il étoit animé de l'esprit de Dieu, seul capable d'inspirer et de conduire de tels établissements.

« L'estime publique qu'on avoit pour M. Vincent obligea la Reine, mère du Roi, de l'appeler dans son conseil de conscience. L'honneur que fit à ce saint homme cette pieuse reine ne changea rien à toute sa conduite : il parla avec une fermeté digne des apôtres dans des occasions difficiles, et toutes les considérations humaines ne purent l'obliger de déguiser le moins du monde la vérité; jamais il ne se servit de la confiance des grands que pour leur inspirer les sentiments qu'ils doivent avoir, et, dans les temps des troubles où toute la France étoit remplie de partis et de factions différentes, M. Vincent, qui pouvoit s'y distinguer, ne voulut pas sortir des bornes que sa modestie et son humilité lui avoient prescrites.

« Ce fut dans ces temps-là que M. Vincent établit dans Paris des assemblées de dames pieuses qui s'appliquoient à soulager les pauvres des provinces affligées, et qu'il fit établir dans la plus grande partie des villes du royaume, et même dans les villages, des assemblées de charité pour soulager les malades.

« On a vu et l'on voit encore des fruits de ces saintes assemblées qui passent tout ce qu'on peut dire, et même tout ce qu'on peut

---

1. Mort en 1660, alors que Chrétien-François avait seize ans.

croire : ce qui fait connoître manifestement que M. Vincent étoit éclairé par des lumières surnaturelles, et que Dieu bénissoit manifestement ses entreprises.

« Il ne faut pas de plus grands miracles, pour permettre d'invoquer M. Vincent comme un saint, que les immenses charités qu'il a procurées par ses prières et qu'il a répandues dans toute la France et dans tous les lieux du monde où il a connu des malheureux.

« Je puis attester cette vérité plus certainement que personne parce que M. Vincent s'est servi, dans la plus grande partie de ses bonnes œuvres, de M\u1d50\u1d49 la présidente de Lamoignon, ma grand'mère, et de M\u2c7d\u1d49 de Lamoignon, ma tante. Elles ont été l'une et l'autre, pendant le cours d'une longue vie, les compagnes fidèles de ses travaux, aussi bien que M. de Lamoignon, premier président du Parlement, mon père, qui avoit une telle vénération pour M. Vincent, que non seulement il le consultoit sur les matières de conscience, mais qu'il prenoit ses avis sur les affaires du monde, comme ceux d'un homme d'un génie excellent et fort supérieur aux autres.

« Tous les gens de bien désirent avec ardeur que Sa Sainteté leur permette d'honorer d'un culte public celui qu'ils reconnoissent pour un grand serviteur de Dieu et pour un grand saint, et je suis persuadé qu'il n'y a rien qui puisse perpétuer plus certainement à l'avenir les grands et pieux établissements qu'a faits ce grand homme, que la reconnoissance que l'Église universelle fera de ses vertus.

« Fait à Paris, le 9ᵉ de janvier 1702 [1].

« De Lamoignon.

« De par mondit seigneur :

« Dubrye [2]. »

Il était extrêmement rare que les grandes maisons de la magistrature ne formassent pas des bibliothèques où s'accumulaient, de génération en génération, non seulement les livres et les papiers de famille, mais les manuscrits intéressant l'antiquité classique, l'histoire, le droit, la littérature. Les bibliophiles connaissent de réputation celle des Lamoignon, malheureusement dispersée pendant les temps révolutionnaires [3]. Après le Premier Président, Chrétien-François, comme principal héritier, la conserva, l'enrichit, et en confia la direction au savant Adrien Baillet, qui, chose assez singulière, lui fut donné en 1680 par le chanoine Hermant, coreligionnaire de Baillet en jansénisme. Baillet était un peu plus

---

1. Cette dernière ligne est seule autographe, avec la signature.
2. Lecture douteuse.
3. Ci-dessus, p. 129. Le libraire Mérigot, l'ayant achetée en bloc, fit imprimer en 1792 trois volumes de catalogue, avec une introduction intéressante.

jeune que le maître de la maison; jusqu'à sa mort, il lui resta fidèle, et, durant ces vingt-cinq ans passés, tout en faisant paraître pour son propre compte un grand nombre de publications, les unes littéraires comme les *Jugements des Savants*, les autres historiques, et d'autres encore de polémique religieuse, qui n'étaient pas très orthodoxes, dit-on[1], il dressa un énorme catalogue de la bibliothèque en trente-deux volumes[2] et un inventaire de la collection numismatique formée par le Premier Président et continuée par son fils aîné.

Une curieuse particularité s'attache au souvenir de cette bibliothèque, ou plutôt du bibliothécaire. Lorsque Baillet mourut le 21 janvier 1706, le secrétaire d'État Pontchartrain écrivit à notre président[3] : « Le Roi ayant appris la mort de votre bibliothécaire, dont la doctrine étoit notoirement suspecte, S. M. m'a dit qu'Elle auroit dû prendre des mesures pour s'assurer de ses écrits, afin qu'ils ne puissent se répandre dans le public, mais, qu'ayant une entière confiance en vous, Elle a cru qu'il suffisoit de vous avertir de ce qu'Elle peut désirer à cet égard pour être sûr que vous le ferez. Le Roi souhaite donc que vous preniez tellement tous les écrits et papiers de cet homme qu'il ne vous en échappe aucun, afin qu'on soit sûr qu'aucun ne passera en d'autres mains que les vôtres et ne pourra être imprimé. Je vous prie de m'envoyer un mémoire de ce que vous aurez trouvé, pour en rendre compte à S. M. »

Par une lettre suivante[4], nous voyons que M. de Lamoignon s'engagea à supprimer tout ce qui semblerait mauvais ou suspect, mais que le Roi insista pour avoir, dès la première occasion, un relevé des écrits trouvés chez Baillet, tout en témoignant, comme on le voit, d'une rare confiance dans le loyalisme du président.

« Magistrat formé par les mains de la Justice même[5], » Lamoignon en imposait à tous par sa rectitude et sa fermeté inébranlable. Certaine fois que son beau-frère Harlay l'avait accusé auprès

---

1. Le P. Lauras a signalé, dans son *Bourdaloue*, tome II, p. 496-498, des ouvrages sur la Vierge écrits au sens janséniste, quoique sous les auspices de Mme de Lamoignon, qui était, il est vrai, fort peu portée vers les jésuites.

2. Nous en trouvons des fragments dans les mss. fr. 17174, fol. 137-163, et 24474, fol. 199, et Arsenal 5761, fol. 1-27.

3. Arch. nat., O¹ 367, fol. 28 v°.

4. *Ibidem*, fol. 34 v°.

5. Lettre de Brossette à Boileau.

du Roi de compromettre les droits de la couronne en matière de
régale, il alla s'en expliquer, et obtint cette belle réponse de
Louis XIV : « Je vous estime de ce que vous aimez la justice et de ce que vous n'avez point égard aux personnes[1]. »
Gaillard raconte aussi qu'ayant accepté un dépôt de papiers pri-
vés dont il ne connaissait pas l'importance politique, et le Roi
le pressant de les remettre entre ses mains, il lui dit : « Sire, je
ne m'en serois pas chargé, si j'eusse su qu'ils continssent quelque
chose de contraire au Roi et à l'État. Votre Majesté me refuseroit
son estime, si j'étois capable d'en dire davantage[2]. » Dans je ne
sais quelle affaire encore, le Premier Président étant mis en
demeure de sacrifier ou son devoir de magistrat ou l'avenir de son
fils, celui-ci déclara qu'il refusait tout ce qui coûterait une faute
à son père.

Voilà qui s'accorde bien avec le précepte testamentaire du Premier Président cité plus haut, mais, au contraire, ne s'accommode
pas du tout avec les deux phrases de Saint-Simon : « C'étoit un
homme enivré de la cour, de la faveur, du grand et brillant
monde... Il avoit tant qu'il pouvoit à Bâville force seigneurs de
la cour, quelques jours pendant les vacances... » J'insisterai sur
ce dernier point.

Lorsque la mort prématurée du Premier Président[3] fit passer
Chrétien-François au rang de chef de famille, les traditions de
grande hospitalité se continuèrent chez lui, et l'on y vit fréquenter
très familièrement certaines personnalités de « la cour, » telles que
Vardes, Montausier, d'Estrées, Chevreuse, Luxembourg, ou que
les duchesses de Chaulnes et du Lude; mais ses plus habituels
commensaux, en dehors des hauts magistrats, furent presque tous
ces gens d'esprit, de cœur, de haute culture, qui avaient aussi
leurs habitudes à l'hôtel Carnavalet, et la marquise de Sévigné elle-

---

1. Papiers du P. Léonard, Arch. nat., MM 825, fol. 134 v°.

2. Gaillard, *Vie du premier président de Lamoignon*, p. xlv.

3. Il mourut à soixante ans, le 10 décembre 1677. Des oraisons funèbres
furent prononcées le 7 décembre 1678 par le professeur de rhétorique du
collège de la Marche, et, le 18 février 1679, à Saint-Nicolas-du-Chardonnet,
par Fléchier. Selon le P. Léonard (Arch. nat., MM 825, fol. 134), le Premier Président avait ordonné que ses obsèques se fissent sans tentures ni
armoiries, et que son épitaphe fût réduite à ces simples mots : *Hic jacet
Guillelmus de Lamoignon, primus Galliarum senatus princeps, resurrectio-
nem expectans;* mais la cérémonie fut pompeuse par l'affluence de gens de
cour et de magistrats.

même a décerné ce brevet à Lamoignon[1] : « Non certainement, Monsieur, je ne vous oublie pas. On ne peut en être plus éloigné, ni vous honorer, et, si j'ose dire, vous aimer, d'une manière plus digne de vous, car il y a une certaine somme d'attachement pour votre personne qui n'est faite que pour ceux qui en connoissent tout le mérite. » En effet, Lamoignon était un des familiers de Carnavalet, et c'est sans doute afin de se rapprocher de ce cénacle spirituel qu'en 1684 il quitta la rue Aubry-le-Boucher pour acquérir au plus près, — rien qu'un carrefour facile à traverser entredeux, — le logis monumental construit à la croisée de la rue Pavée et de la rue des Francs-Bourgeois, pour les ducs d'Angoulême[2]. Depuis lors, le va-et-vient entre les deux logis fut incessant jusqu'en 1696. Quels dîners et quels soupers! Ici et là, quels convives et quelles tables! La néphrétique de Lamoignon s'en ressentait quelquefois[3].

L'été venu, le Parlement entrant en vacances après dix mois d'assidu service, notre avocat général se transportait à la campagne, dans cette belle terre de Bâville dont il avait conservé la propriété depuis la mort du Premier Président, tout en laissant son frère cadet en porter le surnom[4].

Très campagnard une fois que le Palais était clos, Lamoignon se donnait tout entier aux plaisirs de la promenade et de la chasse[5]. Le pays était pittoresque autant que giboyeux, et, pour favoriser la passion bien connue des maîtres de Bâville, Mme la duchesse

---

1. *Lettres de Mme de Sévigné*, tome IX, p. 565.

2. Cet hôtel avait été construit au XVIe siècle pour Diane de France et légué par elle à son neveu bâtard le premier duc d'Angoulême, mais ne fut terminé, dit-on, qu'en 1718. Il subsiste encore, comme l'hôtel Carnavalet, comme les hôtels de Chaulnes et d'Albret, et nos curieux connaissent tous sa porte monumentale et ses frontons grandioses, soutenus par des pilastres engagés, les premiers de ce style, dans toute la hauteur du bâtiment; mais l'inscription, aussi menteuse que celle de l'hôtel d'Albret dans la rue toute voisine des Francs-Bourgeois, en fait la demeure du premier président Guillaume, alors que celui-ci était mort sept ans avant l'acquisition de 1684. On a des gravures du temps représentant la perspective du côté du jardin (Cabinet des estampes, portef. V^a 249).

3. *Lettres de Mme de Sévigné*, tome IX, p. 415, etc.

4. C'est Bâville qui forme le sujet principal du livre de M. Vian; mais Gaillard en avait parlé cent ans avant, et le P. Doncieux y était revenu dans le P. Bouhours (1886), p. 76-79.

5. Il aimait passionnément la chasse, quoique ayant la vue basse, dit le P. Léonard de Sainte-Catherine.

d'Orléans, veuve de Monsieur Gaston et usufruitière du comté de Limours, reconnaissante de ce que le Premier Président l'avait secondée dans la tutelle de ses filles, lui avait concédé la jouissance à vie de trois « buissons » contenant ensemble cent trente-sept arpents; elle continua cette jouissance à Chrétien-François, et, en outre, depuis 1667, elle lui avait assuré la charge de gouverneur, capitaine et concierge des château, ville et comté de Montlhéry et Linas[1]. Les gages, de six cents livres, n'étaient pas à compter, mais seulement les avantages pour la chasse et les prérogatives qui faisaient de Bâville le centre d'une espèce d'apanage.

Même au temps où le Premier Président n'avait là qu'un modeste manoir, si petit qu'il lui fallut construire pour ses fils un château plus vaste[2], les Parisiens savaient la maison ouverte et hospitalière comme la dépeint, dans ce charmant passage de ses *Mémoires*[3], l'abbé Arnauld, arrêté et retenu de force en 1672 : « M. l'abbé de Feuquière m'assura si sérieusement que je désobligerois ces messieurs, si je les refusois, que je me laissai conduire, étant aussi sensible que je devois l'être à l'honneur qu'ils me faisoient. J'arrivai à dix heures du soir; ils étoient près de se mettre à table. Après le souper, on se mit à jouer; mais, M. le Premier Président n'étant point du jeu, j'eus l'honneur de m'entretenir avec lui. Sa conversation me semble, en vérité, préférable à tous les plaisirs après lesquels on court dans le monde, tant on y trouve à la fois de douceur et d'honnêteté, de brillant et de savoir. C'est à Bâville qu'il le faut voir pour le bien connoître; c'est là qu'il sait se proportionner à tous ceux qui l'y visitent, et que, se dépouillant de la gravité qui convient au chef du premier parlement de France, et dont pourtant personne n'a jamais usé avec une plus grande modération que lui, il descend dans tous les devoirs d'un homme privé, faisant aussi bien que personne les honneurs de sa maison. Il se tient même obligé de l'honneur qu'il fait à ses amis de les y recevoir, et, par l'honnête liberté qu'il y donne, il y invite beaucoup plus qu'il ne pourroit faire par des paroles. MM. de Lamoignon et de Bâville, dignes fils d'un père si aimable, marchent sur les mêmes pas que lui. En vérité et sans flatterie,

---

1. Cabinet des titres, fonds Chérin, dossier LAMOIGNON, fol. 32. Lamoignon passa la charge à son fils aîné le 19 avril 1707.
2. J'ai raconté cela dans *la Rébellion d'Hesdin*, p. 117, note 2.
3. Éd. Michaud et Poujoulat, p. 55.

on auroit peine à trouver en France tant de mérite et de vertu dans une seule famille. Vouloir faire l'éloge du père, ce seroit une entreprise bien au-dessus de mes forces : elle ne le seroit guère moins, si on vouloit dire tout le bien qui se trouve en Messieurs ses fils; on en peut assez juger par les beaux traits d'esprit et d'éloquence que le Parlement admire tous les jours dans les plaidoyers de M. l'avocat général de Lamoignon et par le choix qu'a fait le Roi de M. de Bâville pour assister aux conférences de Cologne pour la paix, quoiqu'il fût encore dans un âge si tendre que, s'il ne l'avoit point devancé par les lumières de son esprit et de son jugement, il n'auroit pu encore être reçu dans une charge de conseiller de la Cour. »

Tant que vécut Lamoignon, il attira à Bâville une élite d'amis, et surtout d'hommes de lettres, appartenant aux partis les plus opposés, mais que le grand cœur et la franche cordialité de leur hôte savaient rapprocher et unir, comme jadis aux lundis du Premier Président : ses anciens professeurs les PP. Bourdaloue et Rapin, Vanière, Bouhours, à côté des jansénistes Baillet et Hermant; Coulanges, le chansonnier badin, et l'auteur de l'*Art poétique*, qui payait son écot de cette VIe épître si charmante, ou rendait la politesse dans sa maisonnette suburbaine d'Auteuil; Gourville, représentant la petite cour de Chantilly; Bussy-Rabutin, Guy et Charles Patin, du camp des libertins; le victorin Santeul, et Regnard, dont le maître du logis fit jouer *le Légataire universel;* puis, M. de Bagnols, et des proches voisins, comme les Saint-Maurice, les Ollier, les Saint-Germain-Beaupré, et ce savant théologien l'évêque de Toulon, oncle de Mme de Bâville. De Livry, Mme de Sévigné se plaisait à venir faire des visites où, dit-elle, tous ces gens d'esprit « gagnaient beaucoup à se faire connaître dans la liberté de la campagne[1]. »

Indépendance pleine et entière pour chacun dans cette charmante Thébaïde; tandis que le maître du logis, à pied ou à cheval, courait les champs et les taillis sous le brûlant soleil de mai ou d'août, ses commensaux, plus casaniers et moins ingambes, se livraient paisiblement au jeu d'hombre, aux discussions philosophiques, aux conversations piquantes, ou bien allaient le relancer pour discourir

---

1. *Lettres de Mme de Sévigné*, tome VII, p. 462 et *passim*.

> . . . . au pied de ces coteaux
> Où Polycrène épand ses libérales eaux[1].

Il faut lire les souvenirs de tant d'heureux amis, soit dans leur correspondance, soit dans les notices que leur ont consacrées des biographes modernes[2]; nous avons aussi les vers du joyeux Coulanges[3], l'oraison funèbre de Fléchier, les poèmes latins de Rapin et de Vanière, surtout l'épître de *la Campagne et la Ville*, dédiée par Boileau, en 1677, à l'avocat général quoique son père vécût encore :

> Oui, Lamoignon, je fuis les chagrins de la ville,
> Et contre eux la campagne est mon unique asile....

Mais, cette fois, le satirique avait trouvé la maison trop ouverte à son gré,

> Car, dans ce grand concours d'hommes de toute espèce
> Que sans cesse à Bâville attire le devoir,
> Au lieu de quatre amis qu'on attendoit le soir,
> Quelquefois de fâcheux arrivent trois volées,
> Qui du parc à l'instant assiègent les allées.
> Alors, sauve qui peut! et quatre fois heureux
> Qui sait, pour s'échapper, quelque antre ignoré d'eux[4].

J'omettais un nom, notable cependant, celui de cet évêque de Fréjus, André-Hercule de Fleury, qui devait, pendant plus de quinze années du règne de Louis XV, gouverner les destinées de la France. Lui aussi, comme l'abbé Arnauld, avait fait de la discrétion, à ce qu'il paraît, et voici comme il s'en excusa[5] :

« Je m'attendois, Monsieur, à des remerciements, et non à des reproches de vous avoir laissé quelque temps en repos, et je vois bien que l'orgueil des présidents à mortier est bien diminué de ce qu'il étoit autrefois. Les finances l'ont emporté et ont vengé l'épée

---

1. Voir les odes latines XX et XXI de Nicolas Rapin.

2. Lauras et Chérot, sur Bourdaloue; Doncieux, sur Bouhours; Vian, sur Bâville, etc.

3. Chanson sur le pain bénit rendu par Mᵐᵉ de Lamoignon à Saint-Cheron, la paroisse de Bâville, pour Pâques de 1681 : Bibl. nat., ms. fr. 12620, p. 153.

4. On a une traduction ms. en latin : Bibl. nat., Réserve Yc 602, n° 37.

5. Lettre publiée par le baron Kervyn de Lettenhove dans *les Collections d'autographes de M. de Stassart*, p. 71-72; datée de Fréjus, 10 juillet (1701).

d'avoir été obligée de céder autrefois à la robe. J'ai dit des nouveaux directeurs ce que vous en avez apparemment pensé, et il me semble que nous étions souvent de même avis quand nous discourions dans les allées de Bâville...

« Vous me demandez si j'ai bien discouru avec M. de Bâville. En pouvez-vous douter? Je vous assure que je lui en ai assez dit pour le corriger de toute pensée d'ambition. Je l'en crois fort revenu et bien guéri. Il ne tiendroit pourtant pas mal son coin, et je suis, en vérité, toujours plus charmé de son esprit et de son cœur.

« Pour vous, Monsieur, il sied bien de faire le philosophe avec belle maison et toujours bonne compagnie. Je sais que vous avez eu des dames de la cour; Bâville et vous avez une cour comme si vous étiez directeur des finances. »

Cour purement littéraire et spirituelle, bien plus soucieuse des plaisirs délicats du savoir-vivre, de l'esprit de société ou de l'érudition, que « de la faveur du grand et brillant monde. » Mais Saint-Simon conservait une vieille rancune à M. de Lamoignon, et voilà pourquoi il l'accuse encore de se mêler indiscrètement des affaires de ses amis, mariages, testaments, etc.[1]. C'était, et peut-être est-ce encore la mission très ordinaire, très flatteuse, sinon très enviable, des hauts magistrats[2]. Dans les *Lettres de Mme de Sévigné*[3] et ailleurs, on voit notre Lamoignon, comme, avant lui, son père, qui « conciliait plus d'affaires qu'il n'en jugeait, » on le voit faire office de pacificateur entre Béthune-Cassepot et les Vaubrun, de négociateur matrimonial entre les Marillac et les La Fayette, d'arbitre entre Sévigné fils et M. de Morveaux. C'est lui qui raccommoda, en 1691, dans le cabinet du Roi, le duc de Gesvres et son fils; qui maria M. de Marsan en 1696 avec la veuve de Seignelay, Mlle d'Humières avec le marquis de Villequier en 1690; qui fit office d'exécuteur testamentaire de Mme de

---

1. *Mémoires*, éd. nouvelle, tome XVIII, p. 107, note 5.

2. Voir l'éloge de notre président dans l'*Histoire de l'Académie des inscriptions*, tome I, p. 384 : « Ce fut un tribunal domestique que la confiance des personnes de la première qualité lui avoit érigé, et où, terminant plus d'affaires qu'au Palais, il avoit souverainement acquis l'art de pacifier les familles divisées par des intérêts différents ou par des conseils dangereux. »

3. Tomes VIII, p. 554-555 et 564-565, IX, p. 226, X, p. 290-292, XI, p. xxxviii.

Toisy en 1703[1]; qui « projeta » les lettres de pairie du maréchal
de Boufflers[2]; qui seconda le prince de Conti dans l'achat de la
maison des Talon, à Issy[3].

Cette confiance de toute la haute société honorait grandement
le nom de Lamoignon. Si Saint-Simon y trouve à redire, c'est
certainement parce que l'avocat général, après avoir secondé le
maréchal de Luxembourg dans le grand procès de 1694 contre les
ducs et pairs, s'avisa de vouloir réserver la main de Mlle de Lorge
pour le fils aîné de ce maréchal, quoique Saint-Simon y aspirât[4].

Fervent chrétien, mais point intransigeant, — on l'a vu par les
noms énumérés de ses commensaux, — et plus près de la tolérance
que beaucoup de ses contemporains, quelle put être l'attitude de
Lamoignon dans les périodes de persécution contre les protestants qui suivirent la Révocation de 1685 ou la paix de Ryswyk?
Jusqu'ici, on faisait valoir en sa faveur une lettre à Bossuet[5] où il
se défend, en même temps que son frère Bâville, d'avoir « le
caractère d'un homme qui veut être le persécuteur des hugue-
nots, » et ses relations affectueuses avec des jansénistes étaient là
pour confirmer cette protestation; mais voici que, ces jours passés,
un historien, deux même, ont voulu abolir cette « légende, » ·
comme ne tenant plus devant un fait terriblement grave, paraît-il,
la participation de notre Lamoignon aux œuvres pieuses et charitables de certaine congrégation du Saint-Sacrement qui avait
fait grand bruit et peut-être exercé une influence considérable au
temps de sa première jeunesse[6].

L'affiliation au Saint-Sacrement était-elle compatible ou incom-
patible avec les idées de tolérance, et surtout avec l'horreur des
persécutions? Sans entamer une discussion qui n'est point de
mon fait, on me permettra de faire simplement remarquer que
le Chrétien de Lamoignon qui fut membre actif de la congrégation était, non pas le signataire de la lettre de 1700 à Bossuet,

---

1. *Sourches*, tomes III, p. 352, V, p. 109, VIII, p. 47; *Dangeau*, tomes III,
p. 119, 122, et IX, p. 150.

2. *Saint-Simon*, éd. nouvelle, tome XVII, p. 218 et 222.

3. *Dangeau*, tome VI, p. 482.

4. *Saint-Simon*, éd. nouvelle, tome II, p. 269.

5. Éd. Lachat, tome XXVII, p. 121-122, correspondance de l'année 1700.

6. Voir un article de M. Gachon sur *le Conseil royal et les protestants en
1698*, dans la *Revue historique* du 1er juillet 1904, p. 268; cf. *ibidem*,
1er septembre, p. 54.

encore enfant lorsque disparut la congrégation[1], mais son grand-père, Chrétien premier du nom, et que le chef du Parlement en 1698 ou en 1700 n'était plus Guillaume de Lamoignon, mort depuis vingt-trois ans, mais M. de Harlay.

A peine l'avocat général s'était-il installé à la rue Pavée, que sa maison fut mise en deuil par la petite vérole et la mort rapide, presque foudroyante, du jeune Voysin, frère unique de M^mo de Lamoignon[2]. Grand émoi dans toute leur société. C'était, sur le moment même, et surtout pour l'avenir, une immense succession : aussi y eut-il beaucoup d'on dit et de commentaires, si nous en jugeons par la correspondance qui s'échangea entre Mme de Sévigné et son cousin Bussy[3]. La première, indulgente et bonne : « Vous savez sans doute que M. de Lamoignon a perdu son beau-frère? Je vous ai toujours ouï dire que les grandes successions étouffoient les sentiments de la nature. Si cela est, tout doit rire dans cette maison; cependant j'y ai vu des larmes qui m'ont paru sincères : c'est qu'avec ce qu'il étoit frère, il étoit encore ami. Je suis ravie de connoître le mari et la femme; c'est avec grande raison qu'on les aime quand on les connoît. » L'amer et jaloux cousin répond : « Je sus d'abord la mort de M. Voysin, et j'en fis compliment à notre ami. Je savois bien ce qu'il pensoit là-dessus, et je lui aurois parlé à cœur ouvert, si je lui avois parlé tête à tête; mais je lui écrivis que je prenois à cette perte toute la part qu'il y pouvoit prendre : il me manda, en galant homme, que, quoique le Seigneur, en lui ôtant son beau-frère, ne lui eût pas ôté toute consolation, il avoit pourtant été plus touché de cette perte qu'il ne croyoit, par le genre de cette mort fort subite, par le spectacle, et par la douleur extrême de toute sa famille. Voilà comme il faut parler d'un tel événement, et non pas comme M^mo de Scudéry, qui me mandoit que, quoique M. de Lamoignon gagnât des millions à cette mort, il en seroit inconsolable. Je ne m'en dédis pas, Madame : les grandes successions étouffent les sentiments de la nature, à moins que le mort n'ait été notre intime ami. »

M^mo de Lamoignon, disent les contemporains[4], héritait de plus de cent mille livres de rente; huit ans plus tard, en novembre 1693,

---

1. Raoul Allier, *la Cabale des Dévots, de 1627 à 1666*, p. 39 et 68.
2. *Mémoires de Saint-Simon*, éd. nouvelle, tome XVII, p. 452.
3. *Lettres*, tome VII, p. 469 et 473-474.
4. *Sourches*, tome IV, p. 282 et 288.

elle recueillit encore la succession de son père, « un des hommes de la robe le plus riches[1], » et ce méchant bruit courut alors, ne l'enregistrons que sous toutes réserves[2] : M. de Lamoignon, fort irrité de ce que son beau-père eût légué cent mille livres aux pauvres à l'instigation du P. Moret, de l'Oratoire, aurait annoncé son intention de faire casser le testament ; et Mme Voysin de répondre que, si l'on agissait ainsi, elle donnerait le double aux œuvres charitables.

Après avoir passé une dizaine d'années au parquet, le désir de Lamoignon était de reprendre les traditions de sa famille et de suivre les usages du Palais en allant s'asseoir parmi les « grands » présidents à mortier[3]. Il paraît même[4] qu'on avait été étonné, en 1689, lors de la démission du premier président de Novion, de voir l'avocat général solliciter la succession vacante pour son beau-frère Harlay plutôt que pour lui-même, ou ne pas songer, pour le moins, à demander la charge de procureur général de celui-ci ; mais plusieurs années s'écoulèrent encore avant que ses démarches ou les vœux de ses amis aboutissent : tour à tour, la succession du président Le Coigneux, celle de M. de Mesmes, celle de M. Le Peletier lui échappèrent, comme d'ailleurs à d'autres concurrents, son collègue et oncle Talon, l'ambassadeur Barrillon, candidat de Mme de Maintenon, ou M. Charron de Menars, oncle de Seignelay[5].

Pour le consoler ou lui faire prendre patience, le Roi lui accorda la pension de six mille livres qui, de règle ordinaire, se donnait aux avocats généraux après un certain temps d'exercice[6]. Enfin, en décembre 1689, il obtint la survivance de M. de Nesmond, en prenant

---

1. *Journal de Dangeau,* tome IV, p. 400 ; *Mémoires de Sourches,* tome IV, p. 288.

2. Arch. nat., Papiers du P. Léonard, MM 825, fol. 134.

3. Furetière explique cette expression : « Les présidents à mortier ou *grands présidents,* qu'on appelle « Messieurs du grand banc, » sont les présidents de la grand'chambre et de la Tournelle. »

4. Gaillard, *Vie du Premier Président,* p. xliv.

5. *Sourches,* tomes I, p. 379, et II, p. 125.

6. En 1688 : *Sourches,* tome II, p. 190. Anquetil, dans sa *Galerie de l'ancienne cour,* tome I, p. 72, rapporte que le Roi, après avoir promis la même pension, déjà donnée à l'autre avocat général, oublia Lamoignon, puis l'apostropha un jour : « Monsieur, vous ne me parlez plus de votre pension ? — Sire, j'attends que je l'aie méritée. — Si vous le prenez de ce côté-là, dit le Roi, je vous dois des arrérages. » Et la pension fut expédiée avec rappel du jour de la promesse.

des dispenses de parenté puisqu'il se trouvait être beau-frère du premier président Harlay, oncle du fils de celui-ci, déjà conseiller, et neveu de MM. Talon et Joly de Fleury[1]. Mme de Sévigné en marqua une grande joie[2] : « M. de Lamoignon a la survivance de la charge de M. de Nesmond; c'est celle de feu M. le Premier Président[3]. C'est le Roi qui a fait ce miracle, car Guillaume croyoit que le mot de survivance le feroit mourir. Je suis ravi que notre aimable voisin ait enfin retrouvé cette place, et ne meure pas dans la sienne. » M. de Nesmond mourut en mars 1693, et notre avocat général eût pu passer alors président en payant trois cent cinquante mille livres à la famille du défunt; mais il aurait souhaité de conserver en même temps sa charge du parquet, au moins pendant trois ans, et, le Roi exigeant, comme de juste, qu'il optât tout de suite, Lamoignon préféra rester avocat général, rétrocéder la présidence à son cousin Crèvecœur, gendre de M. de Harlay-Bonneuil, et y gagner cent cinquante mille livres, par suite de la nouvelle taxation survenue entre-temps[4]. « Les avis des courtisans furent bien différents sur ce sujet, dit l'auteur des *Mémoires de Sourches*[5]; la plupart le blâmèrent comme un homme qui avoit préféré l'intérêt à l'honneur, parce qu'il vendoit cette charge de président cinq cent mille livres; mais les autres assuroient qu'il avoit choisi fort prudemment, tant parce qu'il y trouvoit un profit considérable, que parce que son fils étoit trop jeune pour pouvoir espérer de lui procurer de sitôt la survivance de la charge de président au mortier, et parce qu'après avoir vieilli dans la charge d'avocat général, il lui auroit été très rude de se voir le dernier président au mortier, et de marcher après les pré-

---

1. Arch. nat., O¹ 33, fol. 353 v°, lettres de survivance du 12 décembre 1689, sur démission du 8. Elles furent enregistrées le 5 janvier 1690 (Arch. nat., X¹ᴬ 8684, fol. 34-37). L'impétrant, y était-il dit, « nous a rendu ses services avec capacité, intégrité et distinction, à notre entière satisfaction et avantage du public... Nous devons avec raison espérer qu'il suivra l'exemple de ses ancêtres, qui ont rendu des services considérables à l'État, et particulièrement son aïeul, qui a possédé cette même charge, et son père, qui a si dignement rempli celle de premier président... »

2. *Lettres*, tome IX, p. 348.

3. C'est-à-dire celle que le Premier Président eût dû recueillir à la mort de son père en 1636.

4. *Dangeau*, tome IV, p. 248 et 266; *Sourches*, tome IV, p. 189; Notes du P. Léonard, Arch. nat., MM 825, fol. 134 v°.

5. Tome IV, p. 189.

sidents Le Peletier, de Mesmes, de Château-Gontier et de Novion, qui étoient des jeunes gens. »

Enfin, en mars 1698, la mort de son oncle Talon laissant vacante une présidence, Lamoignon se décida. Encore eût-il voulu passer sa propre charge d'avocat général à son fils, déjà avocat du Roi au Châtelet; mais ce jeune homme, ne se sentant pas une voix assez robuste, préféra acheter simplement une charge de conseiller[1]. Muni de l'agrément du Roi, Lamoignon passa marché avec la veuve du président Talon le 19 mars; le jour suivant, il prit une dispense de parenté, car, cette fois-ci, il allait se trouver à côté de son beau-frère le Premier Président, de son gendre Longueil, de son oncle Joly de Fleury, de son neveu Urbain de Lamoignon, et il fut pourvu le 29 mars, reçu le 9 avril[2].

Nous arrivons au fait le plus connu, et le moins explicable, dirai-je tout de suite, de la vie publique du président : c'est son refus, étant élu membre de l'Académie française comme représentant de l'éloquence parlementaire, d'aller siéger parmi les Quarante, où il n'eût certes pas fait mauvaise figure. Une première fois, en novembre 1702, le « parti dévot » avait posé sa candidature au fauteuil devenu vacant par la mort du duc de Coislin, et il avait laissé faire, mais s'était vu distancer par le fils du défunt en qualité de descendant du second protecteur de l'Académie[3]. Au mois de juin 1703[4], ses amis saisirent une autre occasion, la mort de Charles Perrault et la candidature du plus fameux des épicuriens, l'abbé de Chaulieu, soutenue par Monsieur le Duc et par Chantilly. Tourreil, qui était directeur en fonction et représentait les tout-puissants Pontchartrain, puis les abbés Regnier-Desmarais,

---

1. *Sourches*, tome VI, p. 18-19. Les notes du P. Léonard (Arch. nat., MM 825, fol. 134) confirment ce détail que le jeune Lamoignon n'avait pas la belle voix de son père, et cependant, lorsque, le 8 juin 1693, il plaida sa première cause, un désaveu d'enfant, sa modestie, sa mémoire heureuse, sa pleine possession de lui-même lui avaient valu un très grand succès. Il acheta l'année suivante la charge du Châtelet.

2. Cabinet des titres, dossier 2383 du fonds Chérin (vol. 115), fol. 31 v°.

3. Réception du 12 décembre 1702.

4. C'est en ce temps-là, le 9 juin, que, sur la proposition de Tourreil, il fut décidé que le directeur en exercice serait chargé de répondre aux récipiendaires élus pendant son trimestre.

de Choisy, Boileau, et surtout Testu, mirent de nouveau son nom en avant[1].

Le lundi 18 juin[2], étant présents MM. de Tourreil, de Choisy, Regnier-Desmarais, le duc de Coislin, Dacier, de la Chapelle, de Malezieu, l'abbé Genest, Renaudot, l'abbé Testu, de Crécy, de Sacy, Despréaux, le marquis de Dangeau et l'abbé de Dangeau, Tallemant, de Fontenelle, de Valincour, l'abbé Boileau, Thomas Corneille, Cousin, de Caumartin et de Callières, « la Compagnie convoquée par billets pour la proposition d'un académicien à la place de M. Perrault, M. le président de Lamoignon fut élu par la pluralité des suffrages. » Mais, le soir même, dit la chronique, Messieurs de Chantilly lui firent faire reproche d'avoir servi d'instrument à une cabale formée contre leur commensal et ami. Lamoignon écrivit immédiatement au comte de Pontchartrain, secrétaire d'État chargé des Académies, cette lettre, dont les archives de l'illustre Compagnie possèdent ou ont possédé un « brouillon, » ou une copie, et que je crois devoir reproduire ici quoiqu'elle ait déjà été insérée, il y a peu d'années, dans une publication officielle, peu connue d'ailleurs[3]; toutefois, je n'estime pas nécessaire d'en reproduire l'orthographe comme l'a fait l'archiviste de l'Académie, ayant constaté, par la comparaison avec des autographes authentiques, que celle de Lamoignon était moderne et correcte autant qu'on devait l'attendre d'un ami des lettrés et des grammairiens, et non arriérée comme celle du « brouillon[4]. »

« Il m'arrive, Monsieur, une aventure digne de toutes celles de ma vie. Messieurs de l'Académie me viennent d'élire pour la place vacante quoique je les eusse priés très instamment de n'en rien faire. Je ne me suis pas contenté de simples paroles : j'ai écrit à M. de Tourreil, directeur de l'Académie, que j'aurois des raisons essentielles de refuser cette place, quelque honorable qu'elle soit, si l'on vouloit me

---

1. A la fin du xviiie siècle, Gaillard eut communication des lettres écrites par ces personnages au président. Que sont-elles devenues?

2. A cette époque, les académiciens se réunissaient à peu près régulièrement le lundi, le mercredi et le samedi.

3. *Registres de l'Académie française*, tome I, p. 424, note.

4. On peut faire cette vérification sur les minutes autographes de mercuriales qui se trouvent à la fin du ms. fr. 14152 indiqué ci-dessus, p. 127. D'ailleurs, ce « brouillon, » qu'il eût été intéressant de comparer avec l'écriture authentique du président, comment pouvait-il se trouver aux archives de l'Académie? Peut-être n'était-ce qu'une copie prise par un scribe.

nommer malgré moi. Toutes mes paroles et toutes mes lettres ont été inutiles, et je crains que l'excès du zèle de M. Tourreil pour l'Académie et pour moi ne le porte à parler au Roi. J'honore le corps de l'Académie et tous ceux qui la composent, la protection que le Roi lui donne la rend respectable autant que son propre mérite me la fait estimer; mais il ne me convient nullement de devenir académicien. J'emploie mon oisiveté à toutes autres choses que celles qui occupent l'Académie. Enfin, vous voyez, comme moi, que cet emploi ne me convient point. C'est une vérité dont je me suis expliqué si publiquement, qu'il paroîtroit que j'ai voulu me faire désirer et me donner un mérite que je n'ai pas. Cette lettre peu académique vous fait assez connoître que je ne suis pas digne d'être académicien; pardonnez-en, s'il vous plaît, toutes les fautes, et accordez-moi votre protection pour soutenir le refus que j'ai fait. Je m'en vais demain matin à Bâville pour y prendre des eaux pendant quinze jours : il faut avoir soin de sa santé quand on est aussi proche que je le suis de la soixantaine. Je suis, etc. »

De fait, l'allure de cette lettre est « peu académique. » Devons-nous croire que Lamoignon l'ait voulue telle avec intention, et même y ait accumulé à plaisir les « fautes » dont il s'excuse?

Nous n'avons pas l'autre lettre que Lamoignon avait écrite au directeur de l'Académie, mais seulement la réponse de celui-ci[1] : « Je vous déclare, Monsieur, que notre auguste Protecteur vient d'agréer notre choix en des termes que votre modestie désavoueroit fort. Entre le Roi et vous le débat, Monsieur. Je ne m'en mêle plus : nous avons fait notre devoir; malheur à vous, si vous manquez au vôtre! »

D'autre part, le secrétaire d'État répondit officiellement, le 20 juin[2] : « Le Roi, à qui j'ai lu la lettre que vous avez pris la peine de m'écrire au sujet du refus que vous faites de la place qu'on a voulu vous donner à l'Académie françoise, m'a ordonné de vous mander qu'il étoit bien aise du bon choix qu'on avoit fait, mais que, la chose ne vous convenant point, il vous laisse absolument le maître de refuser. Il ne peut que plaindre l'Académie de perdre, ou plutôt de ne pouvoir se donner un aussi digne confrère que vous l'eussiez été. »

Ni cette correspondance, ni les notes prises par le P. Léonard

---

1. Gaillard, *Vie du Premier Président*, p. XLVI-XLVII.
2. Arch. nat., reg. O¹ 364, fol. 164 v°.

au jour le jour sur l'Académie[1], ni le long récit que l'abbé d'Olivet fit plus tard de ce rare incident[2], ni Duclos dans son article sur l'Académie française[3], ni même Gaillard dans la réplique à Duclos[4], n'ont éclairci les raisons que le président eut pour agir si extraordinairement.

On a douté que Lamoignon eût été suffisamment pressenti par ses amis : ce n'est pas admissible, puisqu'il dit formellement les avoir prévenus par avance de son refus.

On a supposé qu'il gardait rancune de son échec de 1702[5] : cette petitesse n'eût pas été digne de lui et de son caractère loyal.

Ou encore n'aurait-il pas voulu louer dans son prédécesseur Perrault le champion des modernes, l'ennemi déclaré de Cicéron et de Virgile[6]? C'eût été réveiller bien tardivement une querelle surannée.

Duclos a supposé que l'idée de faire échec à Chaulieu par le moyen du président serait venue de Louis XIV lui-même.

Gaillard, tout en croyant Tourreil coupable, estime que le président ne voulut point servir la cabale des ennemis de Chaulieu après s'être engagé avec le prince de Conti à ne pas faire obstacle à son candidat, et que, d'autre part, il craignit de déplaire au Roi en laissant la place au libertin[7].

Boileau le poëte paraît avoir été plus mécontent qu'étonné. Il écrivit à Brossette[8] : « La mort de Perrault a fait recevoir un assez grand affront à l'Académie, qui avoit élu, pour remplir sa place d'académicien, M. de Lamoignon notre[9] ami; mais M. de Lamoignon a nettement refusé cet honneur. Je ne sais si ce n'est point par la peur d'avoir à louer l'ennemi de Cicéron et de Virgile. L'Académie, pour laver un peu sur cela son ignominie, a élu au lieu de lui, très prudemment, M. le coadjuteur de Sou-

---

1. Arch. nat., M 763, fol. 8 v°, 15 et 16, et MM 825, fol. 134 v°.

2. *Histoire de l'Académie françoise*, éd. Ch. Livet, tome II, p. 30-32.

3. *Encyclopédie méthodique de grammaire et de littérature*. Cet article avait été lu dans une séance publique de l'Académie.

4. *Vie du Premier Président*, p. XLVI-XLVIII.

5. Notes du P. Léonard, MM 825, fol. 134 v°.

6. *Boileau-Despréaux et Brossette*, par Laverdet, p. 148 et 156.

7. *Vie du Premier Président*, p. XLVI-XLVIII. En 1705, on crut que la pièce satirique de Malezieu : *Polichinelle demandant une place à l'Académie françoise*, avait été inspirée par les rancunes de Monsieur le Duc et du duc du Maine.

8. *Boileau et Brossette*, p. 148. — 9. L'éditeur a lu *votre*.

bise. » Brossette riposta[1] : « J'ai l'honneur de connoître cet illustre magistrat pour un homme d'une bonté peu commune, et l'idée que j'en ai ne me semble pas s'accorder avec ce refus. »

Quoi qu'il en soit, — nous ne saurions supposer que tout cela fût le fait de la même indécision qui retint si longtemps Lamoignon en suspens entre le parquet et les hauts sièges de président à mortier[2], — ce sont Tourreil et l'abbé Testu qui furent les « mauvais payeurs. »

Le P. Léonard de Sainte-Catherine nous a conservé ce « madrigal[3] : »

> Lamoignon, réveillé longtemps avant l'aurore,
>   Méditoit le remerciement
> Qu'il doit pour un choix qui l'honore
>   Et qu'il désiroit ardemment,
>   Lorsqu'il vit entrer brusquement,
>   Et courant à perte d'haleine,
>   Un homme égaré, furieux,
>   Tel qu'on peint un énergumène,
>   Tordant les bras, roulant les yeux.
>   Surpris, il s'écrie au plus vite :
>   « Qu'on apporte de l'eau bénite ! »
> Il l'asperge ; il demande : « Où vas-tu ? d'où viens-tu ? »
> Le possédé répond : « Je suis l'abbé Testu,
>   Qui depuis trente ans meurt d'envie
>   De vous voir de l'Académie.
> Enfin vous en voilà ! Mes soins ont réussi ;
> J'ai fait agir pour vous tel duc, telle duchesse,
>   Tel prince et telle princesse. »
> Lamoignon lui répond : « Tirez-moi d'un souci.
> De cette Académie, en êtes-vous aussi ?
>   — Si j'en suis, moi ! Sans doute, et j'y régente en maître.
>   — Suffit, dit Lamoignon ; je n'en veux donc plus être. »

Et cet autre encore :

> Lamoignon, parmi tes vertus
> On doit compter ce généreux refus

---

1. *Boileau et Brossette*, p. 151.
2. Ci-dessus, p. 142.
3. Arch. nat., M 763, 3ᵉ dossier, fol. 15 ; vers cités par Gaillard dans la *Vie du Premier Président.*

> De haranguer en belle compagnie,
> Toi qui fus jadis l'oracle et le chef du barreau.
> Ta dignité, ton nom demande un champ plus beau
> Que celui de l'Académie,
> Et ce n'est pas à son bureau
> Qu'on décide des biens, de l'honneur, de la vie.

Et bien d'autres épigrammes comme celle-ci :

> Lamoignon ne parla pas net,
> Testu joua son personnage,
> Tourreil ne parut pas sage,
> L'Académie eut un soufflet.

Dans la première séance qui suivit[1], Tourreil, à qui Testu avait voulu faire querelle, déplora la crainte, plus ou moins positivement exprimée au Roi par le président, que ses « occupations indispensables » l'empêchassent de « pouvoir assister aussi souvent qu'il auroit souhaité aux conférences de la Compagnie. »

Chaulieu ne bénéficia pas de ce désistement. Invitée par ordre du Roi à « choisir un sujet qui pût la dédommager avantageusement de la perte qu'elle faisait par le refus de M. de Lamoignon, » l'Académie porta ses suffrages, le samedi 30 juin, non pas sur Chaulieu, jugé décidément non-académisable, mais sur un candidat mis en réquisition d'urgence, et qui très certainement ne pouvait être que fort agréable au Roi : je veux dire cet abbé de Soubise, « fils de l'Amour, » élu coadjuteur de Strasbourg en 1700 malgré le cardinal de Bouillon, et dont Saint-Simon a expliqué si galamment tous les tenants et aboutissants. L'élection eut lieu sans conteste, et la réception se fit le jeudi 31 janvier 1704. Ce jour-là, Tourreil tint à rappeler que « la modestie trop inflexible d'un magistrat de premier ordre le leur avoit dérobé pour confrère, » et, finalement, l'abbé Tallemant se chargea de prononcer dans la même séance l'éloge de son bon ami Perrault, qui, selon certains, avait été la cause de tout ce scandale.

C'est la première fois, je crois[2], que pareil fait se produisait

---

1. Procès-verbal du jeudi 21 juin.

2. Segrais prétend cependant qu'Arnauld s'était récusé sous prétexte de son besoin de vivre constamment à la campagne. Le P. Léonard rapporte le même fait (Arch. nat., M 763, dossier 3, fol. 1) et ajoute que c'est sur cela que l'Académie résolut de ne plus élire personne qui n'eût, au préalable, fait acte de postulant, mais que cependant La Bruyère, dans son discours

chez les Immortels : aussi décidèrent-ils que nul ne serait élu désormais sans avoir fait ses visites de sollicitation et pris, par conséquent, l'engagement d'accepter l'élection [1]. Mais le cas inverse se produisit dès l'année suivante : ces Messieurs ayant élu, en place de l'abbé Boileau, le comte de Tréville, dont les tendances religieuses étaient suspectes, le Roi refusa son agrément, et il fallut recommencer l'élection, où l'abbé Abeille fut nommé [2].

Notre président eut bientôt sa revanche, sinon comme orateur et homme de lettres, du moins comme érudit et numismate. Nous avons vu que, dès sa première jeunesse, il s'était appliqué avec succès, tout au moins avec un certain goût, à l'étude des médailles, dont son père possédait une riche collection, partagée en 1677, de par la volonté du Premier Président, entre les deux frères : à Chrétien-François, les bronzes et argents des séries consulaires et des séries impériales; à Bâville, les médailles d'or antiques et modernes et les monnaies étrangères [3]. Comme amateur et comme connaisseur, l'aîné remplissait toutes les conditions requises pour prendre une place dans l'Académie des inscriptions et médailles, qui venait d'être réorganisée en 1701 avec dix membres honoraires, dix pensionnaires, dix associés, dix élèves, et dont la numismatique ancienne était, après les inscriptions, l'étude favorite. En 1704, une place d'honoraire étant venue à vaquer par la mort du duc d'Aumont, autre amateur de médailles, les deux noms de notre président et de l'abbé de Clérembault furent mis en avant; mais il était établi que, sur les dix honoraires, deux devaient être des ecclésiastiques du premier ordre, c'est-à-dire des évêques, et deux du second ordre, c'est-à-dire des abbés, deux des religieux, deux des gens d'épée et de cour, deux de robe. En conséquence, il aurait convenu de choisir un courtisan de mêmes rang et condition que le défunt : l'abbé Bignon, qui présidait avec tact et autorité, répliqua que ce n'était pas là une loi absolue, et qu'il fallait chercher le choix le plus désirable et le plus avantageux. M. de Lamoignon fut donc élu le 2 mai, quoique la robe fût déjà repré-

de réception, donna à entendre qu'il n'avait fait aucune démarche de ce genre.

1. Au contraire, le 5 avril 1701, l'Académie avait pris l'engagement de ne plus tolérer les sollicitations, ou du moins de n'en tenir aucun compte, et cette décision fut renouvelée le 19 novembre 1714.

2. Séance du jeudi 19 juin 1704; *Mémoires de Saint-Simon*, éd. nouvelle, tome XII, p. 112-116.

3. *Correspondance historique et archéologique*, 1897, p. 242-243.

sentée par MM. Le Peletier de Souzy et Foucault, et, le jour
même, le secrétaire d'État de qui relevaient les Académies écrivit
cette lettre, qui ne fut portée que le 20 à la connaissance de la
Compagnie : « Le Roi a été bien aise d'apprendre le bon choix
que l'Académie des inscriptions a fait de M. le président de
Lamoignon pour y remplir la place d'honoraire vacante par la
mort de M. le duc d'Aumont. Elle doit se réjouir de ce qu'il a
refusé une place à l'Académie françoise, puisqu'elle profitera
seule de ses heures de loisir[1]. »

Au nouvel académicien Pontchartrain écrivit cette fois, sur un
ton moins solennel : « L'Académie des inscriptions ne pouvoit
faire une meilleure acquisition que de vous pour remplir la place
d'honoraire... Le Roi a fort approuvé ce choix; il n'y a qu'à sou-
haiter que vos occupations dans la charge que vous remplissez si
dignement vous laissent quelquefois le temps d'aller à ses assemblées[2]. »

Quelles que pussent être la modestie du président, son horreur
du nouveau, sa volonté de rester indépendant et tout entier au
service du Palais, il accepta le siège qu'on lui offrait et vint prendre
séance au Louvre le vendredi 30 mai, mais fit à peine une autre
apparition dans le cours de l'année, comme d'ailleurs les autres
honoraires. Cela n'empêcha pas que, le 30 décembre, M. de
Pontchartrain lui notifiât en ces termes sa désignation pour la présidence[3] : « Le Roi vous a choisi pour remplir pendant l'année
prochaine la place de président dans l'Académie des inscriptions,
M. l'abbé Bignon pour celle de vice-président, M. Dacier pour
celle de directeur, et M. Vaillant pour celle de sous-directeur.
Prenez la peine, s'il vous plaît, d'en informer la Compagnie de
la part de S. M. »

Pour inaugurer cette présidence, le secrétaire d'État crut devoir
rappeler à la Compagnie que, conformément aux articles 21 et 22
de la constitution de 1701, chaque académicien titulaire, à tour

---

1. Tel est le texte officiel transcrit dans le registre de l'Académie, tout
différent de celui que le P. Léonard a recueilli dans son portefeuille des
ACADÉMIES (Arch. nat., MM 825, fol. 135 v°), comme venant du Roi lui-même :
« Messieurs, j'ai bien de la joie du choix que vous avez fait de M. le président de Lamoignon. Je m'assure que vous aurez du plaisir à l'entendre
raisonner sur les matières que vous agiterez dans vos assemblées. »

2. Registres de la secrétairerie d'État, O¹ 365, fol. 109 v°, lettre du 8 mai.

3. *Ibidem*, fol. 308 v°.

de rôle, était tenu d'apporter en séance un écrit de sa composition et de le soumettre à ses confrères. Est-il besoin de dire que beaucoup de pensionnaires ou d'associés, retardataires ou réfractaires, savaient trouver des excuses? La lecture des registres serait très suggestive à ce point de vue.

Les deux séances des 6 février et 13 mars furent fort agitées. Le Roi avait fait exprimer sa volonté qu'aucun des membres pensionnaires ne pût cumuler ce titre avec une charge de « domestique » de la maison royale, des maisons de princes, ou d'un grand seigneur. Quelques-uns des académiciens désignés dans l'organisation de 1701, ou élus depuis lors, se trouvaient dans ce cas. Il y eut donc émoi et protestations; Pontchartrain dut rassurer les intéressés par une nouvelle lettre et établir que la décision du Roi n'aurait pas d'effet rétroactif[1].

Le secrétaire perpétuel Gros de Boze, dans l'éloge qu'il eut à faire du président en 1709[2], affirme que, désigné par son assiduité aux séances de 1704 pour remplacer l'abbé Bignon à la tête de l'Académie, il s'acquitta à merveille de cette fonction, « discutant une difficulté littéraire comme il eût fait un point de droit, et parlant avec élévation des monuments qui transmettent la gloire des grands hommes. » Il me faut avouer que, même pendant son année de présidence, Lamoignon siégea très rarement; mais toutefois elle fut marquée par un regain d'activité : le 10 juillet, on aborda la rédaction de l'*Histoire de France par les médailles*, et Lamoignon eut à exposer quelles difficultés, au point de vue de la chronologie, présentaient les premiers règnes de Pharamond, Clodion, Mérovée; le 17, il parla de « l'époque première de l'empire des Francs, » et l'Académie fixa la date du règne de Pharamond d'après la chronique de Prosper d'Aquitaine, puis discuta la médaille qui devait consacrer cette date.

Dans les années suivantes, 1706, 1707, le nom de Lamoignon ne figure plus sur les registres qu'aux jours d'élection. En 1708, comme il avait communiqué l'empreinte d'une pierre *ithyphal-*

---

1. Ainsi, Jean-Baptiste Couture, membre associé ayant une pension, eût perdu celle-ci parce qu'il était, non pas, à proprement parler, précepteur domestique, mais professeur des enfants de M. de Courtenvaux, en même temps que professeur royal et régent de rhétorique au collège de la Marche, et chargé de la chaire d'éloquence au Collège royal. Voir le registre, séance du 8 janvier 1706.

2. *Histoire de l'Académie*, tome I, p. 385.

lique de sa collection, à l'effigie de Messaline, ce fut l'antiquaire Baudelot qui en donna l'explication le 17 février[1]. Malade à partir du mois de mai suivant, le président ne put plus paraître au Louvre.

Il eut bien des tristesses dans ses dernières années, et celle même de sa présidence à l'Académie en 1705 avait été marquée par un grand deuil pour lui et les siens : la Première Présidente, sa mère, âgée de quatre-vingt-trois ans, finit le 18 octobre la vie la plus sainte; Saint-Simon a parlé de cette mort coïncidant avec celle de Ninon[2].

La Première Présidente avait exprimé le désir que leur baronnie de Boissy-sous-Saint-Yon, dès que la sœur Marguerite Michel n'y serait plus pour tenir les petites écoles, fût pourvue à perpétuité de deux filles de la Charité, « pour assister les pauvres malades et instruire les pauvres petites filles. » En conséquence, le 19 mars 1706, le président passa avec « les officières en charge » de la maison du faubourg Saint-Lazare un contrat que je regrette de ne pouvoir reproduire en son entier, comme type excellent de ces fondations charitables multipliées partout sous l'ancien régime, et dont nous devons, pour le moins, garder respectueusement le souvenir. Une maison, avec mobilier, jardin et dépendances, notamment une apothicairerie et tous les objets nécessaires pour le traitement des pauvres malades, était affectée exclusivement au logement des sœurs; une constitution de rente de trois cents livres sur la Ville était immatriculée à leur nom, plus cent vingt livres de rente sur la fabrique : le tout sous des conditions et avec des charges d'emploi très précises, à l'exécution desquelles le seigneur et la dame de Boissy devaient veiller minutieusement[3].

Le président et sa femme avaient déjà fait pareil établissement, vers 1690, à Saint-Cheron, principale paroisse de leur marquisat de Bâville; mais c'est seulement le 17 juillet 1699 qu'ils avaient régularisé cette fondation avec caractère de perpétuité, et l'acte passé alors[4] servit de type à la fondation de Boissy. Nous voyons aussi[5] que Lamoignon avait constitué un fonds pour que,

---

1. Ms. Arsenal 5053, fol. 11-12. Baudelot fit imprimer sa dissertation pour les curieux.

2. T. XIII, p. 131-132 et 140. La défunte avait laissé un testament; mais sa succession fut réglée par arbitrage (Arch. nat., E 1935, fol. 49-51 et 165-166).

3. Arch. nat., S 6162.

4. Arch. nat., S 6164.

5. Vian, *les Lamoignon*, p. 230.

chaque année, au jour anniversaire de la naissance de son illustre père, il fût distribué des vêtements aux pauvres de Bâville.

Au Palais, Lamoignon continua de siéger jusqu'en 1707 ; mais il donna alors un grand désappointement à ses amis : son beau-frère Harlay, quittant la première présidence, eût pu le porter pour sa succession, et bien des gens, même des ministres, croyaient que cela eût réussi, ne fût-ce qu'en souvenir du premier président Guillaume ; mais on ne s'était jamais beaucoup aimé ni cultivé entre Lamoignon et Harlay, et le démissionnaire préféra faire passer Louis Le Peletier, porté par le ministre son père, par Saint-Sulpice, par le parti Beauvillier[1]. Lamoignon, déjà très malade, ne dut pas regretter un fardeau qui eût été au-dessus de ses forces ; il y gagna toutefois de faire donner une charge d'avocat général devenue vacante à son second fils Blancménil, celui qui devait monter quarante-trois ans plus tard à la Chancellerie de France[2].

Le temps de la retraite était donc venu : soixante-trois ans d'âge[3], quarante-deux de service. Ce n'était pas encore la vieillesse, mais la santé chancelante, et le président obtint des lettres d'honoraire le 15 mai de cette même année 1707[4]. Depuis, il ne fit plus que languir[5] : « Il étoit plein de tendresse pour sa famille et, ne pouvant plus lui faire d'autre bien que de s'employer lui-même à diminuer le chagrin qu'elle devoit avoir de le perdre, il fut occupé, dans les derniers moments de sa vie, ou à lui dire tout ce qu'on peut imaginer de plus consolant sur cette séparation nécessaire, ou à lui en cacher les approches. La veille même de sa mort, écrivant à M. de Bâville son frère, il se contenta de lui marquer en ces termes l'état où il se voyoit : « Vous saurez « dans peu ma destinée. » Et, la dernière fois qu'il parla à Mme de Lamoignon, après l'avoir remerciée de tous les soins qu'elle avoit eus de lui pendant sa maladie, il se tourna vers son confesseur et prononça ces paroles : *Dilecta uxor, æternum vale !* affectant de parler en latin et de porter ses regards d'un autre côté pour ne la pas accabler de douleur par ce dernier adieu. Enfin il

---

1. *Mémoires de Saint-Simon*, tomes XIV, p. 382-384, et XVII, p. 457.
2. Ci-après, p. 156-157.
3. Mais non de magistrature, comme l'a écrit M. Vian.
4. Cabinet des titres, fonds Chérin, dossier Lamoignon, fol. 32 ; reg. du Parlement X¹ᴬ 8423, fol. 251.
5. Gros de Boze, dans l'*Histoire de l'Académie*, tome I, p. 386.

n'a jamais fait voir plus de fermeté, plus de grandeur d'âme, qué dans ces tristes instants où les vertus d'emprunt disparoissent, et où la plupart des hommes se dégradent eux-mêmes. »

Le président avait expressément ordonné qu'il n'y eût ni tentures ni cérémonies, et que son corps fût transporté par les pauvres, non pas à la paroisse de la rue Pavée, ni aux Cordeliers, où reposaient les restes de son grand-père et de son père, mais dans l'église Saint-Leu et Saint-Gilles, où avait été inhumée de la même façon, en 1651, sous la chapelle Sainte-Thérèse, sa vénérée grand'mère Marie des Landes, où le cœur du premier président avait été déposé en 1677, et où enfin gisait la pieuse et charitable demoiselle de Lamoignon (Madeleine, 1609-1687). Ainsi fit-on lorsqu'il eut expiré le 7 août 1709[1], et, au-dessous des deux premières inscriptions que portait le piédestal du monument exécuté par Girardon, la veuve de Lamoignon en plaça une troisième. C'était, en cinq lignes, le résumé de la vie que nous venons de retracer :

LITIUM INTER MAGNATES QUOTIDIE ROGATUS
DOMI ARBITER,
ÆQUI STUDIO, DICENDI FACUNDIA,
MATURITATE CONSILII, MORUM COMITATE,
PIETATE IN DEUM INSIGNIS.

Dans les archives de la maison de Nicolay, où le président venait de marier tout récemment une de ses filles, nous trouverions nombre de lettres de condoléance; mais j'aime mieux reproduire celle que Fléchier écrivit à Bâville, et qui fait partie des *Œuvres* du grand évêque de Nîmes : on sait qu'il avait prononcé, en 1679, l'oraison funèbre du premier président Guillaume.

« J'ai appris, Monsieur, la mort de Monsieur votre frère; j'en suis touché pour lui et pour vous. Vous avez toujours vécu dans une si parfaite union de cœur et d'esprit, vous faisant dans les temps heureux un bonheur commun, dans les temps difficiles vous servant de consolation l'un à l'autre, toujours également amis, toujours également frères, qu'il est aisé de juger de votre douleur. On me mande qu'on ne peut pas être plus regretté qu'il l'est. Je n'en ai pas douté : il ne peut presque mourir personne de votre nom que ce ne soit une perte publique, M. de Lamoignon surtout, qui s'étoit acquis depuis

---

1. Ms. nouv. acq. fr. 3619, n° 4842; *Mémoires de Saint-Simon*, tome XVIII, p. 106, note 12, avec une lettre de la marquise d'Huxelles.

longtemps l'estime et l'amitié de la cour et de la ville par cette droiture et cette bonté qui le faisoient l'arbitre de tous les différends et le rendoient agréable et utile à tout le monde... »

En fait d'oraisons funèbres, nous ne sachons pas qu'il en ait été fait d'autres que celle de Gibert, professeur de rhétorique au collège Mazarin[1], et une ode latine de M. Brochard, de cette même maison[2], où l'on était très reconnaissant des services rendus par le président. A l'Académie, son éloge fut prononcé, le 21 novembre, par le secrétaire perpétuel Claude Gros de Boze[3]. Des articles nécrologiques parurent dans le *Mercure* d'août, p. 273-276; dans les *Mémoires de Trévoux*, avril 1710, p. 681-694; dans le *Journal des Savants*, janvier 1710, p. 58-59.

Quelques portraits gravés[4] représentent Chrétien-François de Lamoignon tout jeune d'abord (Ant. Paillet del.; G. Vallet sc., 1664), puis un peu plus âgé (J. Grignon sc.), et enfin avocat général, avec quelques traces de moustache naissante sur la lèvre (G. de Sève pinx.; Van Schuppen sc., 1675)[5]. Toutes donnent l'idée d'une figure pleine et des mieux avenantes.

De son mariage avec Marie-Jeanne Voysin, le président avait eu cinq fils et quatre filles.

Sur les cinq fils, trois disparurent à peine venus au monde, ou tout enfants. Guillaume, né le 17 juin 1677, mourut le 27 juillet 1679, à vingt-cinq mois. Chrétien-François, qui avait vu le jour à Bâville (25 septembre 1689), périt tragiquement le lendemain même de sa naissance, quand on le transportait à Paris, ainsi que Mme de Sévigné le raconte sans trop d'émotion : « Le cocher qui le menoit a versé sur le grand chemin, et ce pauvre enfant est mort. Que dites-vous d'avoir ou de n'avoir pas un bon cocher[6]? » Armand naquit le 28 décembre 1690; c'est celui

---

1. Le docteur J.-P. Gibert (1660-1736), grand canoniste, qui, après avoir professé à Toulon sous la direction de Mgr de Chalucet, était venu s'établir à Paris; homme de bien surtout (*Moréri*).

2. Bibl. nat., Réserve Yc 602, n° 41.

3. *Histoire de l'Académie*, tome I, p. 380-386.

4. Cabinet des estampes, portef. N³. Cf. la *Bibliothèque historique* du P. Lelong, tome IV, *Appendice*, p. 215. Un portrait du président fut fait aussi pour la bibliothèque de l'ordre des Avocats, fondée par Riparfonds et placée à l'Archevêché.

5. Cette dernière gravure fut faite pour la thèse de Georges Le Roy dont il a été parlé p. 123.

6. *Lettres*, tome IX, p. 243.

dont parle une lettre joviale de Coulanges, écrite de Rome au président : « Vous ne pouviez me donner de plus agréables nouvelles que de m'annoncer la naissance d'un troisième fils et la bonne santé de Mme de Lamoignon. Dieu les conserve l'un et l'autre, et vous ôte l'envie de recommencer une telle besogne, car, à la fin, vous n'en seriez pas bon marchand ! Vous avez donc une grande fille sur le trottoir, et vous aurez bientôt un gendre[1] ; mais souvenez-vous toujours de le choisir si bien qu'il ne trouble point les plaisirs du beau-père, et qu'il ne se moque point de ses commensaux. » L'enfant mourut quatre mois plus tard, le 28 avril 1691.

Il ne restait donc que deux fils. L'aîné, Chrétien, titré marquis de Bâville et de Milhart, débuta à dix-huit ans comme avocat du Roi au Châtelet (24 mai 1694), passa conseiller au Parlement le 3 septembre 1698, et, à l'occasion du mariage de sa cousine Bâville avec M. Le Peletier des Forts, en août 1706, le Roi lui accorda très gracieusement la survivance du président son père, quoiqu'il n'eût que trente ans d'âge et huit ans de service de conseiller[2]. Son père lui céda, l'année suivante, le gouvernement des comtés de Montlhéry et Linas[3]. Plus tard, de 1713 à 1716, il posséda la charge honorifique de greffier des ordres du Roi. Il mourut le 28 octobre 1729[4]. Ce président eut pour fils et successeur Chrétien-Guillaume[5], qui entra en 1743 à l'Académie des inscriptions. Son petit-fils, dernier marquis de Bâville, fut garde des sceaux et chancelier des ordres du Roi en 1787[6].

La descendance masculine de ce Lamoignon aîné et le nom même ont fini au siècle dernier, en 1845, dans la personne d'un pair de France de 1815 qui avait été épargné par la Révolution quoique conseiller au Parlement ; un frère aîné, Chrétien, qui l'avait précédé dans la tombe en 1827, aussi pair de France, est

---

1. Elle épousa, vingt-six mois plus tard, le marquis de Poissy-Longueil : ci-après, p. 157.

2. *Dangeau*, 13 et 21 août 1706, tome XI, p. 179 et 184; Arch. nat., O¹ 5o, fol. 95, et X¹ᴬ 8701, fol. 747.

3. Provisions du 4 mai 1707 : O¹ 51, fol. 100. Dangeau dit que le Roi passa au fils, en même temps, la survivance de la capitainerie de Limours et la pension de six mille livres.

4. *Saint-Simon*, éd. nouvelle, tomes XI, p. 207, et XVII, p. 222.

5. *Ibidem*, tome XVIII, p. 107.

6. *Ibidem*, tome XVIII, p. 107-108.

représenté aujourd'hui par les descendants de sa fille, MM. de Ségur-Lamoignon[1].

Le second fils de notre président, né le 8 mars 1683 et nommé Guillaume comme son illustre aïeul, vécut presque nonagénaire jusqu'en 1772. Il est bien connu dans l'histoire pour avoir été premier président de la Cour des aides de 1746 à 1750, chancelier de France de 1750 à 1768, membre honoraire de l'Académie des sciences et de celle des inscriptions (1759). C'est l'auteur de la branche dite de Blancménil et de Malesherbes, qui finit masculinement, à la génération suivante, dans la personne du défenseur de Louis XVI, décapité sur l'échafaud révolutionnaire avec sa fille aînée la présidente de Rosanbo, son gendre, sa petite-fille, marquise de Châteaubriant, et son petit-gendre. La fille cadette, mariée au comte de Montboissier-Beaufort-Canillac, avait seule échappé au massacre, et vécut jusqu'en 1827.

Les quatre filles du président Chrétien-François furent :

1° Marie-Madeleine, née le 6 février 1675 ;

2° Françoise-Élisabeth, née le 15 novembre 1678 ;

3° Jeanne-Christine, née le 9 juin 1686 ;

4° Suzanne-Léonine, née le 24 juillet 1688, et morte à quatre-vingt-dix-sept ans, après plus de quatre-vingts années de profession à la Visitation.

Le président eut le bonheur de marier de son vivant trois de ces filles, la dernière seule s'étant faite religieuse chez les Visitandines. L'aînée, Marie-Madeleine, avait à peine treize ans quand on pensa pour elle au jeune marquis de Grignan, qui revenait tout glorieux du siège de Philipsbourg en 1688. Cette visée séduisit d'autant plus facilement l'hôtel Carnavalet et les Provençaux, que M. Voysin devait donner par avance cent mille écus à sa petite-fille[2]. Celle-ci, cependant, resta « sur le trottoir, » comme dit Coulanges. En 1692, on parla encore de son cousin germain l'avocat général Harlay, quoique les deux beaux-frères ne fussent guère unis jusque-là que par la justice, « et encore y a-t-il différentes manières de la prendre[3]. » Enfin l'affaire se conclut en mars 1693 avec le marquis de Poissy, fils du président de Maisons, qui, de son côté, avait dû épouser Mlle de Montche-

---

1. Nom et titre de Lamoignon transmis par ordonnance de 1823.

2. *Lettres de Mme de Sévigné*, tome VIII, p. 360-361.

3. *Ibidem*, tome IX, p. 485.

vreuil. Le Roi signa au contrat, le grand-père Voysin donna les cent mille écus promis, et le mariage fut célébré le 14 avril[1]; mais la mort prématurée de cette jeune femme le rompit dès le 15 septembre 1694[2], et M. de Poissy se remaria en février 1698 avec une des très riches Varengeville, sœur de la maréchale de Villars[3].

Le mariage de la deuxième fille, Françoise-Élisabeth, fut extrêmement tardif, si l'on songe aux habitudes de ce temps-là, et donna lieu à une sorte de chassé-croisé assez curieux, mais qui n'était point rare dans les familles de l'aristocratie de robe. Avant d'épouser sa sœur Marie-Madeleine, le marquis de Poissy avait failli se marier avec Mlle Le Camus, fille du fameux lieutenant civil, et celle-ci épousa en 1695 M. Nicolay, premier président de la Chambre des comptes, lequel avait également, de son côté, songé à Mlle de Lamoignon. Cette Première Présidente étant morte presque aussi prématurément que Mme de Poissy, M. Nicolay, devenu veuf, reporta ses visées matrimoniales sur la seconde demoiselle de Lamoignon, mais fut long à se décider en raison de sa répugnance pour le monde, et aussi de son âge, car il était né en 1658. Les deux familles avaient même société, où, à côté des grandes dames et des femmes d'esprit, brillaient des prélats distingués, Messieurs de Beauvais, de Troyes, de Toulon, puis le chevalier de Grignan, Coulanges le Chansonnier, Corbinelli, tant d'autres encore. Le maréchal de Boufflers et l'évêque de Toulon menèrent la négociation[4]. Ce dernier, Armand-Louis Bonnin de Chalucet, était frère de Mme de Bâville l'intendante; ses efforts pour aboutir au mariage désiré aboutirent enfin après la mort de la première présidente de Lamoignon la grand'mère[5]. Le Roi et la cour signèrent le contrat le 24 novembre 1705, le mariage eut lieu le 26; les

---

1. *Dangeau*, tome IV, p. 248 et 265; *Sourches*, tome IV, p. 169.

2. Elle avait perdu un fils de trois mois.

3. *Saint-Simon*, tome X, p. 21.

4. Correspondance des Sévigné et archives de la maison de Nicolay.

5. Coulanges écrivait, le 26 novembre 1705 : « M. le premier président de Nicolay a épousé ce matin, à midi, en plein Saint-Paul, Mlle de Lamoignon. La mort de Mme la première présidente de Lamoignon a fini enfin cette affaire, qui paroissoit depuis longtemps être faite au ciel; mais il falloit que la terre fournît deux cent mille livres comptant et qu'elle assurât cent mille livres sur la première succession à échoir. Voilà donc M. de Nicolay remarié. Dieu lui donne de beaux enfants! » (*La Marquise d'Huxelles*, par Éd. de Barthélemy, p. 211 et 213.)

gazettes l'annoncèrent à l'honneur des deux familles, l'Académie envoya des félicitations, et un ami commun, Moreau de Mautour, se chargea de l'épithalame obligatoire[1].

Neuf mois plus tard, le fils aîné de M. de Lamoignon, Chrétien, épousa une fille de M. Gon de Bergonne, maître des comptes, très estimé et très riche aussi[2]. Enfin, en 1707, sa dernière fille fut mariée au marquis de Maniban, alors conseiller au parlement de Toulouse, mais qui y fut premier président de 1721 à 1762.

Ainsi, avant de mourir, notre président avait marié quatre de ses enfants. Un seul restait, le fils cadet, Guillaume, qui n'épousa que deux ans plus tard, en 1711, une fille du président d'Aligre. L'ayant perdue au bout de deux années et demie sans qu'elle lui eût donné une postérité, il se remaria avec Mlle Roujault, fille unique de l'intendant, et de celle-ci naquit en 1721 Lamoignon de Malesherbes dont il a été parlé deux pages plus haut. Leur descendance est représentée actuellement par les marquis Le Peletier de Rosanbo.

---

1. *Pièces justificatives pour servir à l'histoire de la maison de Nicolay*, tome I, n°s 394-398; *Dangeau*, tome X, p. 476 et 478; *Sourches*, tome IX, p. 421; *Mercure* de décembre, p. 189-203; *Journal de Verdun*, janvier 1706, p. 76. Mme de Nicolay eut de nombreux enfants et vécut jusqu'en 1733. Notre confrère M. le marquis de Nicolay représente le cinquième degré de sa descendance.

2. *Mercure* d'octobre 1706, p. 159-164.

Extrait des *Mémoires de la Société de l'Histoire de Paris et de l'Ile-de-France*, tome XXXI (1904).

Nogent-le-Rotrou, imprimerie DAUPELEY-GOUVERNEUR.

13

9 782019 986490